カイロプラクティック・整体師
美容家／整体エステ「ガイア」主宰
南 雅子

すごいやせる！
股関節1分ストレッチ

体重17キロ減、ウエスト17センチ減、太もも6センチ減…続々!!

はじめに

「やせた〜い！」

「きれいになりたい！」

ほとんどの人は、その思いをかなえるために食事制限をする。

そうではありませんか？

炭水化物を控えたり、揚げ物なんてとんでもない、と食事メニューから遠ざけているのでは？

でも、食事はちゃんととってくださいね。

やせる方法はもっと別の角度からのアプローチが可能なのです。

それが、本書でお伝えする「股関節」にスポットをあてた方法です。

何それ？　そう思うかもしれませんね。

でも、人間のからだは骨と筋肉で構成されています。

その間をぬうように、血液やリンパが流れ、神経も当然、からだ中に巡っています。
それらの要素がバランスよく整っていることが、
人のからだを健康に保つ最大の条件であり、
くずれのないボディラインをつくりあげるものだと考えています。

その要となっているのが股関節なのです。
股関節は、骨盤と連携して上半身を支えています。
2本の脚は、股関節と骨盤との連携で、その状態を保っています。
ここにゆがみやズレが生じたら？
わたしは〝美容〟と〝整体〟という観点から、
50年以上にわたって〝人のからだ〟と向き合ってきました。
その経験から確実にいえることは、股関節のズレやゆがみを整え、
骨の連なりを正し、その骨格を支えて形づくる筋肉をコントロールすることが、
やせるための最短距離であるということです。
やせるだけではありません。
「お腹だけぽっこりしているの、直せますか？」

「流行の〝小顔〟になりたいです！」
「歳をとるとどうしても、シミやシワ、気になります……」
そんな悩みも解決してきました。
なかには「すべてにポジティブになった」という方もいらっしゃいます。
なぜそうなるの？
それは、この本のストレッチが人体のメカニズムにそって組み立てられているから。
地球上に重力がある以上、
わたしたちはバランスをとりながら、体形や体重でからだを調整しています。
だから、仕事や日常生活にからだがゆがむ原因があふれる現代、
そのゆがみグセを正し、からだを変えられるのは、
毎日1分でできるストレッチの習慣を身につけることなのです。
なにを、どうしたら、変われるか。
悩みを解決する方法を、ぜひ知ることから始めてみてください。
さあ、この本を手にしたあなたは、
もう、美しさへの扉を開けているのですよ。

50歩チェック

――股関節のゆがみをチェックする！

股関節の「症状」を判断するためにすべての方にまず「50歩チェック」をやっていただきます。これは、股関節がどうゆがんでズレているかを確認する方法です。

周囲にぶつかるものがないことを確認して、部屋の中心に十字の印をつけます。ここがスタート位置。テレビや音楽などは流さず、集中できる環境をつくります。

目を閉じたら、その場で50歩足踏みをします。1、2、3……とリズミカルに数えながら50歩。リラックスしておこないます。50歩足踏みしたら目を開けます。

いかがですか？

実際にやってみた結果に、みなさん驚くことでしょう。スタート地点に足をとどめる人は、ほぼまれです。ほとんどの人は前後左右、どこかに最終的な足の位置があります。このズレがすなわち、股関節のズレ、ゆがみを示しているのです。

ほぼスタート位置からズレがないという人は、着地の〝足の向き〟で判断してください。9ページの診断では、右に向いていればB、左に向いていればCとなります。

50歩チェック

周囲に家具などがない部屋の真ん中に、ガムテープなどで十字を書き、その中心に立ちます。目を閉じてその場で50歩、「1、2、3、4、5…」と数えながらリズムよく足踏みをします。50歩終えたら目を開け、自分の位置を確認しましょう。

あなたはどの位置にいる?

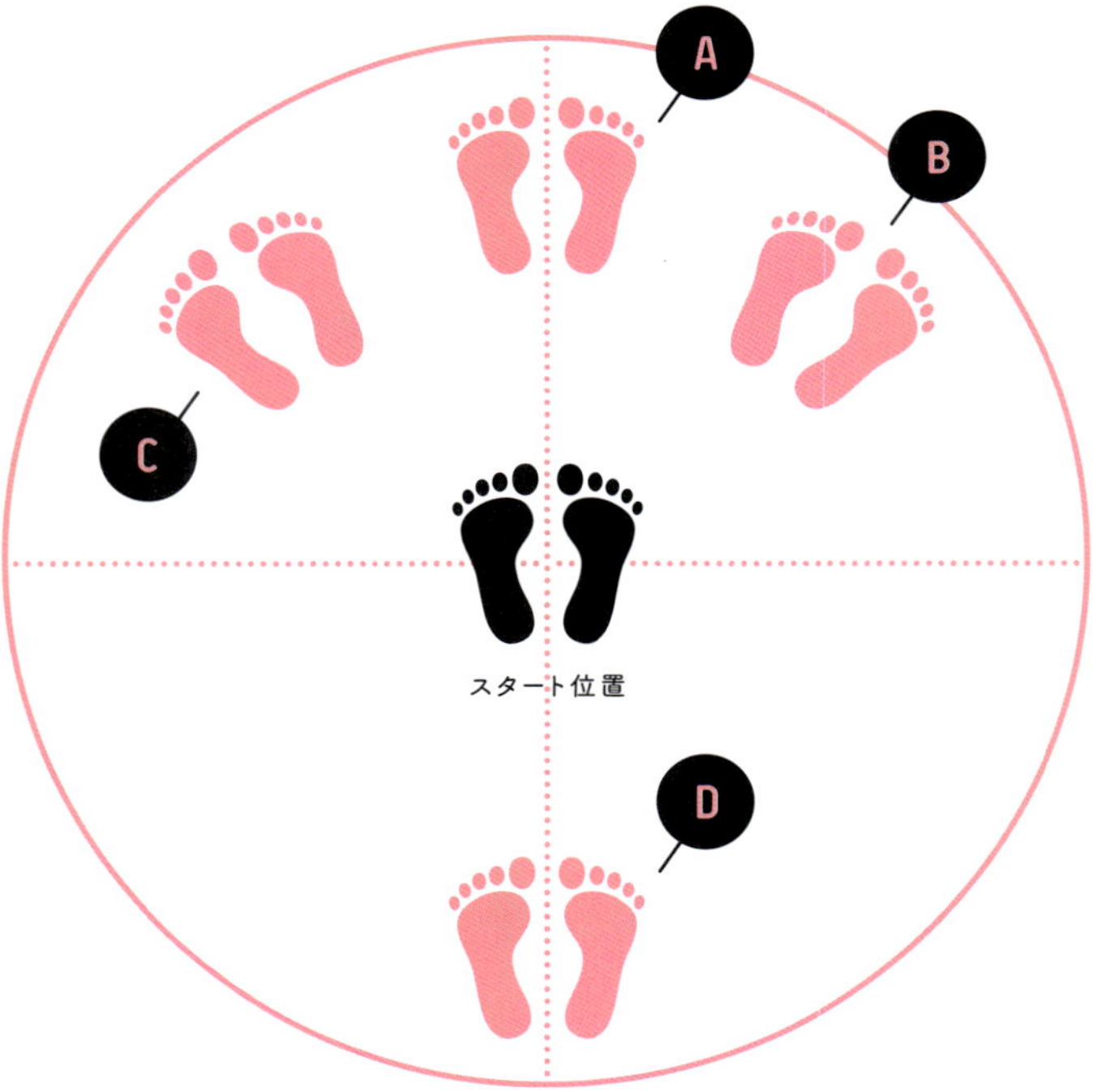

A スタート位置からほぼまっすぐ前。足の向きはまっすぐか、左右に少しだけ傾いた状態。

B スタート位置から右ななめ前。足の向きはまっすぐか、左右に少しだけ傾いた状態。

C スタート位置から左ななめ前。足の向きはまっすぐか、左右に少しだけ傾いた状態。

D スタート位置からまっすぐ後ろに下がった。足の向きはまっすぐか、左右に少しだけ傾いた状態。

あなたの股関節を診断

A

（前方）

前かがみタイプ

首が前に出て、上半身が前かがみになる、いわゆるねこ背の人は、最終的な足位置がここになります。骨盤が前傾しているか後傾しているために、腰と太ももで歩くのが特徴です。

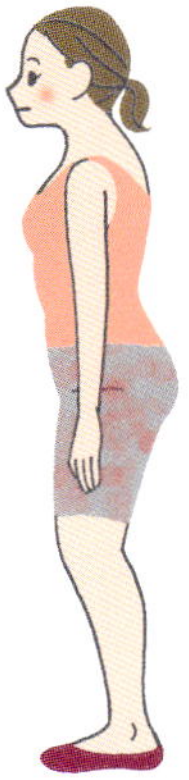

B

（右斜め前方）

左重心タイプ

左脚に重心が強くかかるため、最終着地の足の位置が右側に傾いています。左脚に力が入りやすく、左股関節が硬くなっていって太ももが太くなってしまうのがこのタイプです。

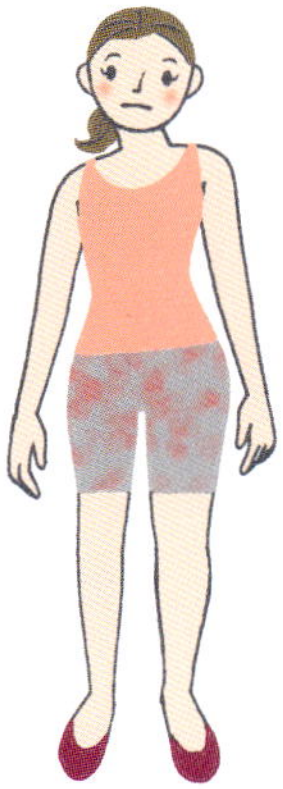

C

（左斜め前方）

右重心タイプ

右脚に重心が強くかかっています。右脚の股関節が硬くなって動きが悪く、太ももが硬く、太くなっています。左右どちらかの脚に重心がかかる場合は、腰（骨盤）への力の入り方にも影響します。

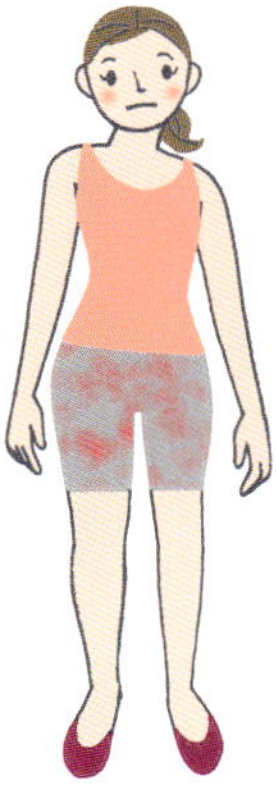

D

（後方）

うしろ反りタイプ

背中のSカーブの反り返りがひどく、その反り返りでからだのバランスをとりがち。骨盤が前傾または後傾していて、あごが上がっているのが特徴です。ひざ裏の筋肉が弱く、ひざが曲がりがちです。

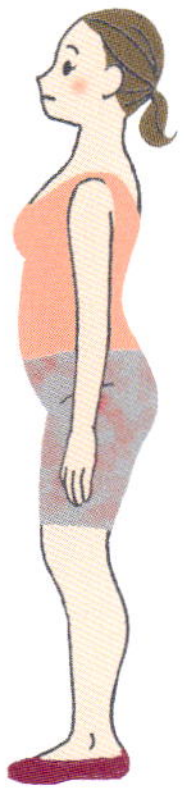

CONTENTS

すごいやせる！ 股関節1分ストレッチ

CASE 3

肌が地黒なんです。色が白い人がうらやましいです…

CASE 4

昔からO脚なんですが、O脚って直らないですよね？

CASE 5

顎の長い男顔、どうにかしたい！

CASE 6

下半身は太いのに、胸がないのに悩んでいます…

CASE 7

背が高く、大柄に見られるのがコンプレックス… 華奢になりたいです

CASE 8

2ヵ月でデコルテを整え、ウエディングドレスを着こなしたい！

CASE 9

自分に自信がありません。人生を変えたいです

CASE 1

何をやっても
まったくやせません。
いったいどうしたら
やせられますか？

石田明子さん（34歳）

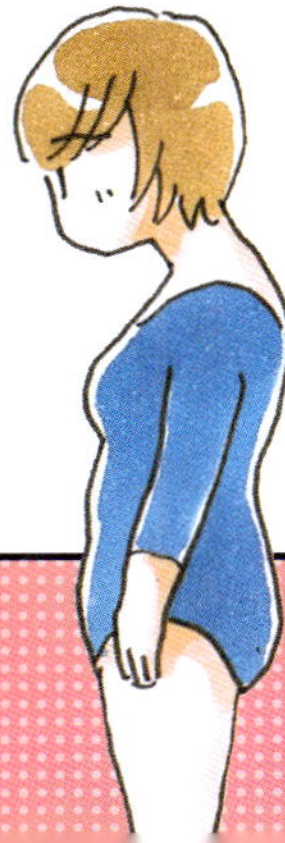

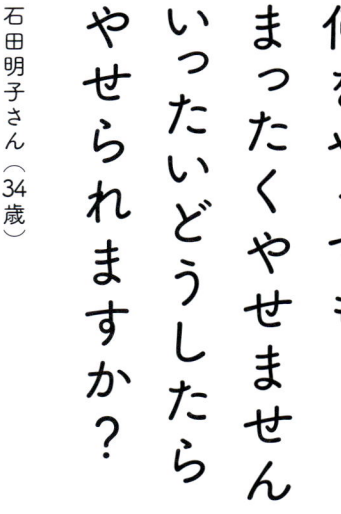

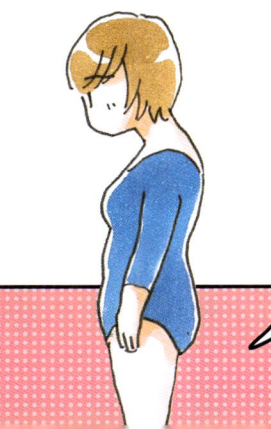

石田さん 34歳
何をやっても まったく やせません…
今までいろんなダイエットを試したんですけど リバウンドを繰り返すばかりで………
はあ…
サウナスーツ
ダンベル
○○だけダイエット
やせる
どんより…
仕事の疲れがとれなくて 肩こりもひどいし 季節の変わり目には必ず体調を崩すんですぅ
キラーン
なるほど 見ればわかるわ
お尻の位置が高い西洋人体型ね
やせにくい原因を探していくわよ!!
整体エステ「ガイア」主宰 南雅子 先生
横から体型チェック!!
うわあ…
すごい ねこ背…
体の中心軸もズレてるわね

50歩チェックは前かがみタイプだし…
START
目をつぶってその場で50歩足踏み
あなたがやせられない原因は……
ズバリ!!
股関節がズレてるから!
でしょう!!
ビラッ
股関節?
プスプス…
股関節がズレてるとゆがんだ骨格を支えようと筋肉がついちゃうの
無防備についた筋肉にはセルライトが増えやすいから
なかなかやせられないのよねぇ〜〜
ガーン!!
私どうしたら……!
へなへな…
ノープロブレム!!
大丈夫!股関節を整えるストレッチをすれば
すばらしいプロポーションになれるわよ!

ねこ背がすべての原因です

わたしのサロンにいらっしゃる人は当然、さまざまな〝悩み〟を抱えてやってきます。年齢によっても悩みの傾向は違いますが、やはり「やせたい」という思いでこられる方が圧倒的に多いのです。

やせたい→やせた→リバウンドした、をくり返していると、しだいにやせにくいからだになってしまう……。わたしのサロンを訪ねてこられる方はたいていがこのパターンに陥っています。石田さんもそんな1人でした。

石田さんは「もう万策尽き果てた」といった思いでこられたのですが、わたしはひと目でその原因がどこにあるかを判断しました。

石田さんはお尻の位置が高い西洋人体型ですが、前かがみの姿勢、つまりねこ背が顕著《けんちょ》だったのです。**背骨のS字カーブのゆがみが強く、そのゆがみで首と肩の位置がズレ、首も肩も前傾しないとからだのバランスがとれない**という状態でした。

「やせたいのに、やせない……」という悩みもさることながら、石田さんにはさまざまな〝訴え〟がありました。持病に気管支ぜんそくがあり、季節の変わり目にはきまって体調を崩すというのです。苦しさのため、自然のうちにねこ背の姿勢をとらせていたのかもしれません。肩や背中にもつねに〝こり〟を感じているということでした。お腹もぽっこりと前に出ていました。脚に曲がりはないものの、太ももはしっかり太い。前かがみの上体を支えるために太ももに力を入れているためです。つまり、ねこ背による背骨のS字カーブの深い曲がりが反映したからだでした。

横から見たら中心軸がズレている！

人間のからだは約200個の骨が連携し骨格をつくりあげています。正しく連携していれば、かかとの中心から耳の中心までのラインがまっすぐになります。これがからだの中心軸です。

石田さんは、横から見るとあきらかにからだの中心軸がズレていました。

ねこ背は前首・前肩の姿勢をつくってしまいます。頭が前傾し、あごが内側に入ってくるのです。これに対抗するように、意識はあごを持ち上げようとするため、首の後ろや背中側の筋肉が緊張します。でもそれは、長くはつづきません。

からだの中心軸をまっすぐにすることが大切なのは、長くねこ背の姿勢をつづけていると、からだのバランスを維持するために重要なはたらきをする「耳石《じせき》」という器官が動いたり、ズレたりしてしまうためです。

もちろん、耳石の〝所在〟は目には見えませんが、**からだの中心軸を見失うことが常態になっていると、ズレた位置が〝定位置〟となってしまう**のです。ズレているわけですから当然、さまざまな不調があらわれます。

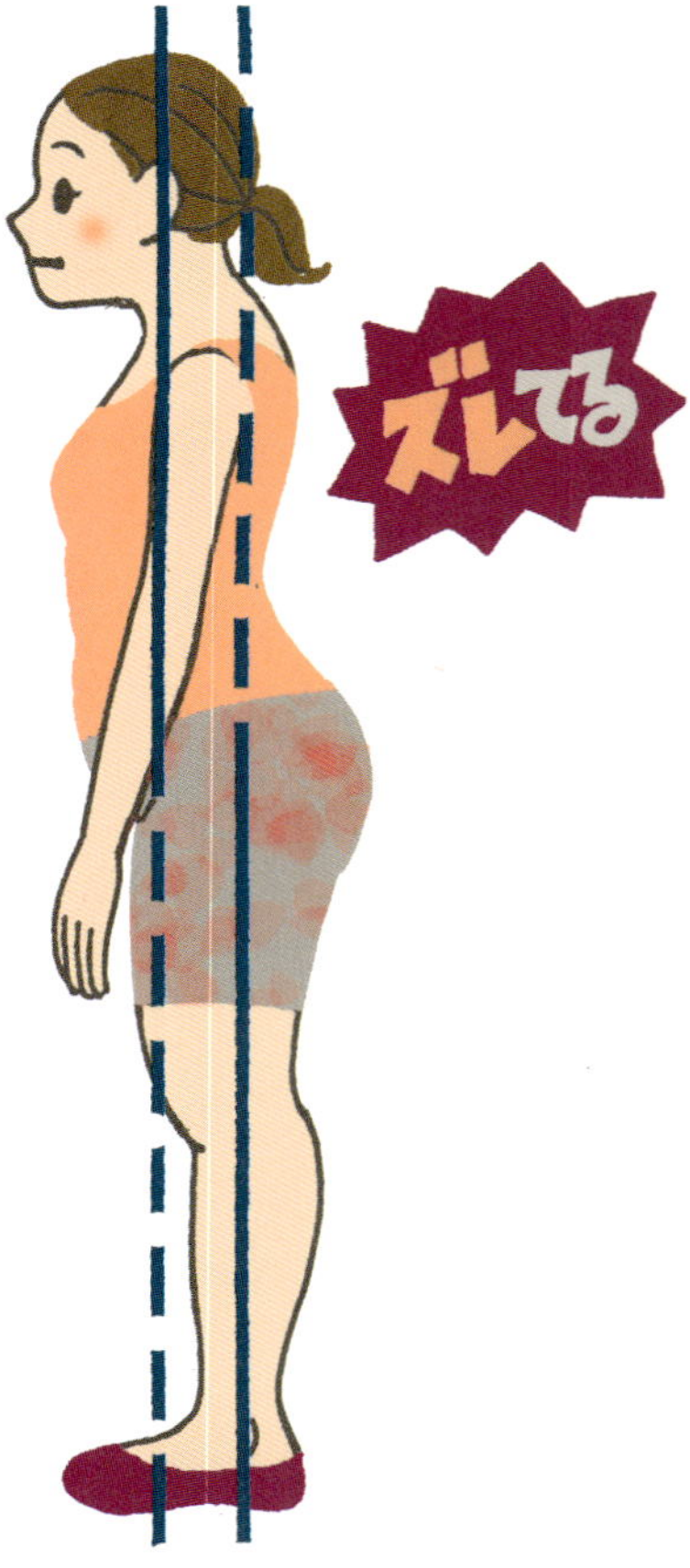

石田さんは「眠りが浅く、朝起きても疲れがとれない」という悩みも抱えていました。疲れのないすっきりとしたからだになりたい。その思いは、何をやってもやせないという悩みと重なっていました。さまざまな不調は、じつは連動しているのです。

そもそも股関節が広がっている！

石田さんがねこ背で背骨のS字カーブが深くなっていることも、からだの中心軸がズレていることも、その原因をたどれば、必ず股関節にたどり着きます。

股関節は2本の脚と骨盤をつなぎ上半身を支えているとても重要な関節。人のからだのなかでもっとも大きな関節で、上半身の重みをバランスよく脚にのせています。骨格の要ともなる股関節にズレやゆがみがあると、人のからだの骨格は大きくダメージを受けます。上半身の重みを正しく支えられなくなって、体幹もキープできません。背骨もつまったりズレたりして、結果、ねこ背になってしまうのです。

すると今度は、**ゆがんだ骨格を何とか正常な位置にくいとめようとして、筋肉が防御態勢をとる**のです。つまった股関節まわりや背骨まわり、つまり、背中や腰にたっ

股関節が広がると…？

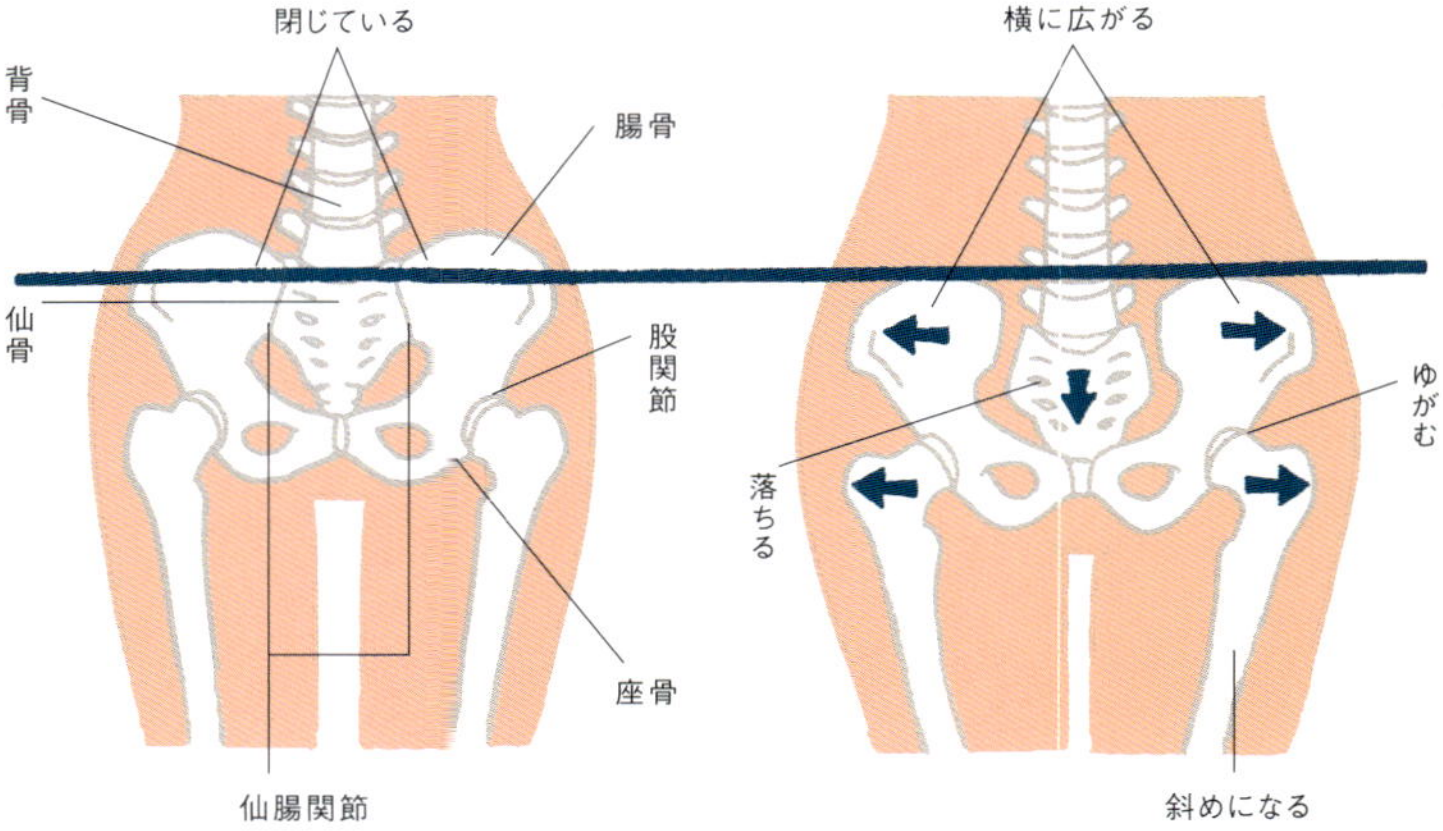
閉じている
背骨
腸骨
仙骨
股関節
座骨
仙腸関節
横に広がる
ゆがむ
落ちる
斜めになる

ぷりと余分な筋肉をつけていきます。

筋肉には力強いイメージがあると思いますが、**無防備についてしまう筋肉には、霜降り肉のように脂肪、つまりセルライトが増えやすく**なります。脳が必要と判断してついてしまった硬い筋肉ですから、ほぐすのは容易なことではありません。なかなかやせない、そんな悩みの原因はこんなところにも潜んでいるのです。石田さんの股関節は広がっていました。**股関節が広がると、骨盤を構成する腸骨と仙骨の間の仙腸関節がゆがみ、骨盤が広がります**。そして仙骨《せんこつ》から上に連なる椎骨《ついこつ》を支えきれず背骨が落ちてつまるのです。

内臓下垂で食欲が増加、便秘気味

股関節のゆがみで影響を受けるのは、背骨のゆがみ、筋肉の硬直だけではありません。**内臓下垂も見逃せない**のです。

上半身が前かがみになると、内臓は定位置からその所在をずらさなくてはなりません。肺や胃、腸は背骨のS字カーブの曲がり具合にともなって下へ下へと圧迫されて下がってしまいます。

背中が丸まり内臓が下がってしまうと、それぞれが正常に機能する環境がくずれます。肺は圧迫されて、呼吸に支障が出てくる可能性があります。胃腸の位置が下にズレると、本来のはたらきが充分におこなわれなくなってしまいます。

胃腸のはたらきで栄養素はからだにとり込まれ、わたしたちのからだをつくりあげています。しかし胃腸が下がり、つまった状態にあると、消化も吸収も悪くなってしまいます。ということは、**食べても食べても、からだは栄養を欲しつづける**のです。

石田さんは食事制限をしてダイエットを試みたこともあったそうです。「でも、食欲は抑えられない……」ということでした。便秘ぎみでもあるということでしたから、腸のはたらきはかなり悪いと思われました。

内臓はからだの前側に集中しています。正しい骨格であれば、内臓が下がらないように腹直筋（縦に伸びる抗重力筋）などが支えているのですが、前かがみの姿勢になると、その筋肉が衰えてゆるんでしまいます。そうするとますます内臓は下へと下がってしまう。**股関節を整えて、前かがみにならない背骨をとり戻す必要がある**のです。

背骨のつまりによるつらい肩こり・頭痛

股関節のズレによって強いS字カーブをつくってしまっている背骨（椎骨《ついこつ》）は、ただカーブを描いているだけでなく、たいていはつまった状態になっています。本来、ひとつひとつの骨は関節でつながっていて、適度な間隔があいているのですが、ゆがみが加わることによって、その間隔がつまってしまうのです。

いちばんつまりやすいのは首まわりです。5キロはあるといわれている頭を7つの椎骨が連なる頸椎《けいつい》が支えています。背骨のS字カーブで首が前傾していたら、支えるのはとても大変なことです。もちろん、頸椎をサポートする筋肉はあります。首の後ろから肩まわりの筋肉が頑張るのですが、首の前傾が強くなると、しだいに筋肉にも疲労が出てきます。これが肩こり（筋肉のこり）になってしまうのです。

肩をとり巻く筋肉が硬くなってくると、血液もリンパも、〝流れ〟がとどこおってきます。石田さんには「肩こりだけでなく、頭のスッキリ感もなくて……」という訴えがありましたが、まさに、背骨のつまりが招いた結果だったというわけです。

人の骨格を形成する1つひとつの骨は単独で動くことはありません。つねに連動して、正常な動きをすることを前提に組み合わされています。まわりの筋肉とも連動して、血液やリンパなどの流れをつくっています。どの箇所に問題が起こるかであらわれる症状は違いますが、その大本《おおもと》になるのが「股関節」。この位置が正しくあり、その役割を正しくまっとうする。これこそが、「要」となるのです。

さて、長年、さまざまな方の悩みをお聞きし、向き合い、寄り添ってきましたが、どう調整していけばいいかの基本があります。**からだをニュートラルな状態に戻すための4つの基本ストレッチ**を、これからご紹介していきましょう。以降、さまざまなCASEをご紹介していきますが、これらのストレッチを基本とし、症状に応じてストレッチを追加してください。

股関節のゆがみを整える

股関節ほぐし

股関節の動きを柔軟にして、整えるストレッチです。
股関節が硬いと骨盤の位置も安定しません。ゆっくりと、整えていきましょう。

1

あお向けに寝て片方の手をお腹の上に、反対の手を手の甲を上にして背中の下に入れる。かかとを押し出してつま先を中指と薬指がまっすぐ上を向くように立てる。

2

背中に手を入れた側の脚を立てる。足底を床から離さないように、足の裏でスリスリと。ポイントは、太ももに力を集中させないこと。

股関節まわりが硬くなっていると、ひざをパタンと倒したときに、腰と軸脚のひざ裏が浮きやすくなってしまいます。無理のない範囲から徐々にほぐしていきましょう。

MEMO

3

立てたひざ頭をできるだけからだに寄せたら、その脚を脱力する感覚で、パタンと外側に倒す。腰と軸脚のひざ裏を浮かせないことがポイント。

4

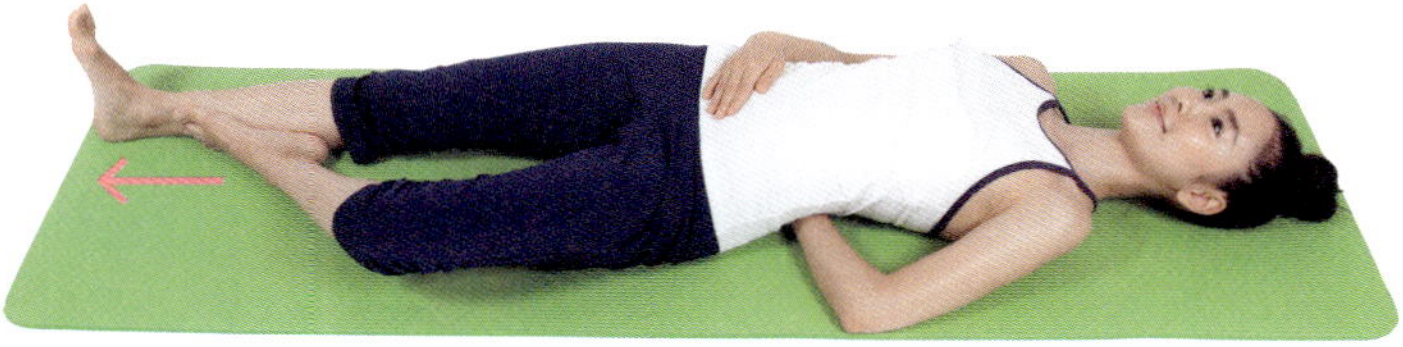

倒した足の裏を軸脚に沿わせて、ゆっくりと下ろしていく。スタートの体勢にもどしたら、手を入れ替えて反対の脚も同様に。交互に1分。

ひざ裏を伸ばす

ひざ裏たたき

ひざ裏の抗重力筋が衰えていると、ひざ関節は曲がり、太もも前面は太く硬くなってしまいます。脚をスラリとさせるために、ひざ裏を整えましょう。

1

壁に背中をつけて座り、足を前に伸ばす。足の中指と薬指をとくに意識して、まっすぐ上に。この状態で軸脚を決める。

2

手を熊手のようにしてお尻下に入れ、お尻のお肉を上へと持ち上げて座骨でしっかりと座る。両方を持ち上げて座ると、自然と背筋はまっすぐに。

MEMO

「ひざ裏たたき」をおこなうときは、ひざを大きく曲げないようにしてください。ひざを曲げるよりも伸ばすことを意識するのがポイントです。そうすれば、筋肉はしなやかに動くようになります。

3

おこなう側の太ももの上に、同じ側の手を置き、反対側の手はお腹に。ひざの裏で床を「1、2、3、4、5」とリズミカルにトントンとたたく。5回1セットで3セット。

4

手を入れ替えて反対側の脚も同様に。軽くひざを立てて、ストンと落とすイメージ。かかとの位置がズレないことに注意しておこなう。

お尻を上げる

お尻たたき

股関節、骨盤を整えつつ、脚の裏側にある抗重力筋を鍛え、
お尻をグッと上げていくストレッチです。

1

うつ伏せになり、脚を肩幅に開く。ひじを床につけて上半身を反り、両手首をあわせてVの字をつくり、人差し指から小指までをあごの下にそえる。

2

ひざ下を立てて、足の裏にアーチをつくる。かかとを伸ばす、つま先を伸ばすを何度かくり返すと、足がほぐれてアーチはつくりやすくなる。

ポイントは恥骨。床に押しつけるようにして、股関節を正しい位置に置く意識を持ちます。かかとがお尻につかなくても、くり返していくとできるようになります。肩や背中に力を入れないよう注意。

MEMO

3

リズミカルにひざを曲げて、かかとでお尻をトントン5回たたく。反動をつけてもOK。これを5セットおこなう。

4

斜め上にふぅ～と息を吐く。脚を変えて同様に。

肩甲骨を下げ肋骨を上げる

ひじ回し

ひじをまわして肋骨を上げ、肩甲骨を下げ、背骨のつまりを正していきます。
ねこ背を直し、バストアップに絶大な効果ありのストレッチです。

1

脚は肩幅より少し広く開く。両足の指を上げてかかと重心にし、お腹が出ないように片方の手をお腹に添える。

2

ひじを回すほうの手指で、バストから鎖骨に伸びるコリッとした感触の筋肉を外から内に刺激する。

3

ひじを脇下に軽くつけ、手指を上へとずらしていく。腕が耳に触れる感じでずらすとひじが天井を向いていく。

4

ひじ頭がまっすぐ天上を向くまで上げる。顔とからだがぶれないように上げていくのがポイント。

5

お腹にあてていた手を頭越しにまわしてひじ頭をつかみ、上に引き上げる。10センチ上がるのが理想。

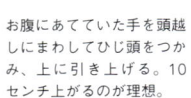

このストレッチのポイントは「かかと重心」。これによって顔とからだが左右にぶれずにおこなうことができるからです。馴れてきたらイスに座っておこなっても、あお向けに寝ておこなってもOKです。

MEMO

6

ひじ頭が上がったら、つかんでいた手を離し、その手を再びお腹の位置に戻す。上げたひじを後ろに大きく回していく。肩甲骨を下げて寄せる感じで。最後はひじをウエストの位置まで戻す。

7

ひじがウエストの位置に収まったら、手のひらを返して前に向け、ひじから下をストンと脱力させるようにして下ろす。ここまでを3セットおこなう。反対側も同様に。

体重はマイナス7キロ、ウエストはマイナス17センチ！食事制限なしで、こんなに“細く”なるなんて！ただただ驚きです

石田明子さん（34歳）

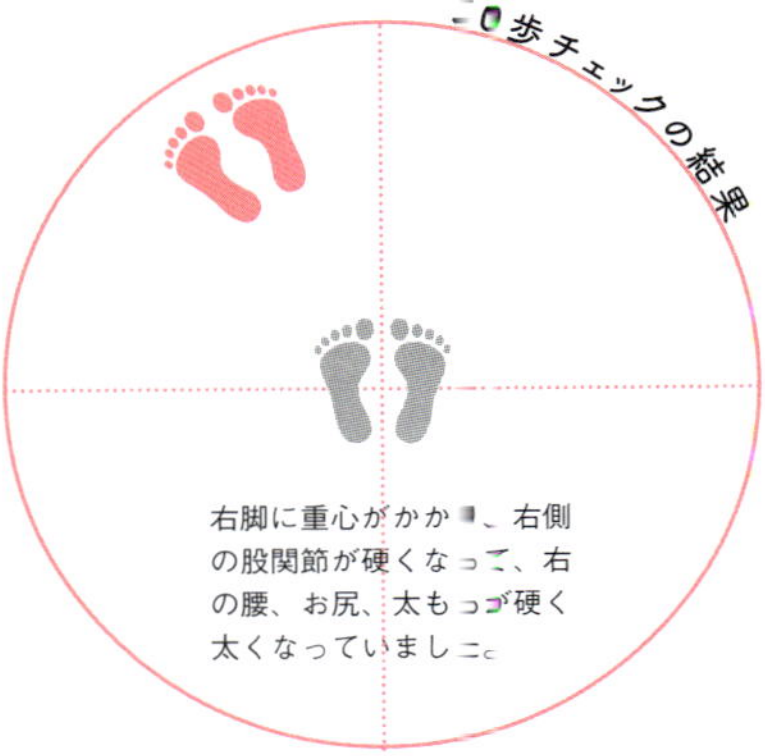

右脚に重心がかかり、右側の股関節が硬くなって、右の腰、お尻、太ももが硬く太くなっていました。

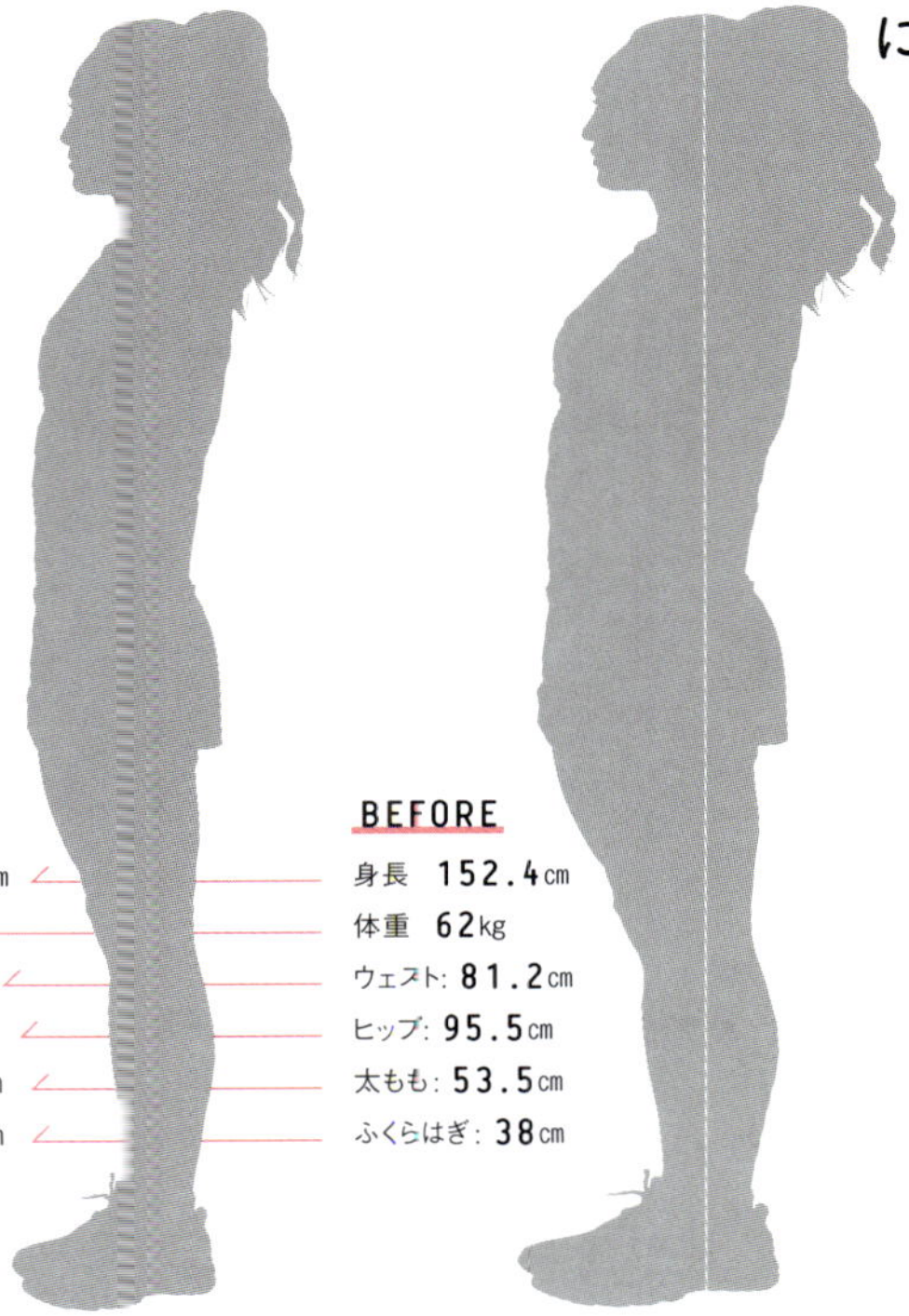

AFTER

身長：153.6cm
体重：55kg
ウエスト：64cm
ヒップ：88.0cm
太もも：49.5cm
ふくらはぎ：35cm

BEFORE

身長 152.4cm
体重 62kg
ウエスト：81.2cm
ヒップ：95.5cm
太もも：53.5cm
ふくらはぎ：38cm

わたしはリフレクソロジーという施術の仕事をしています。つねに前かがみの姿勢でお客さまの施術をしているせいか、背中が丸くなってしまっていて、それがとても気になっていました。でも、サロンを訪ねたのは別の理由。何をやってもやせないからだをなんとかしたかったからです。

南先生のサロンのことは、雑誌や出版されている本を見て知りました。骨格からダイエットにアプローチするというところにすごく興味が湧きました。ねこ背でもあるわたしにとっては、いちばんの近道になるのではないかと思ったのです。はじめてサロンに行かせていただいて、わたしの判断は間違っていなかったと確信しました。

ストレッチを指導していただき、実際にやってみたのですが、終わったとき、からだが〝伸び伸び〟している感じで、とても爽快《そうかい》でした。

この日から、教えていただいたストレッチをつづけました。仕事ではやはり前かがみの姿勢をとらなくてはなりませんが、その時間を過ぎたら、「からだをリセットするゾ！」という意識をもってストレッチに励みました。これは南先生からのアドバイスです。

そして3ヵ月後、サロンにうかがってボディラインの測定をしていただきました。もちろん、やせてきた実感はものすごくあったのですが、実際に数値で確認してみると、もう、ほんとうに驚きです。

体重は62キロから55キロに、ウエストは81センチを越えていたのですが、なんと64センチに。そして、実感はしていなかったのですが、身長が1センチ以上も伸びていたのです。つまっていた背骨が上へと伸びたんだな〜と、ほんとうにうれしいかぎりです。

これからも「リセット」感覚を大切にしていきたいと思います。

まとめ

やせたいと思う人のほとんどは食事制限をしたり、カロリーカットにせっせと励みますが、太らないからだをつくることにこそ目を向けてほしいと思います。石田さんはわたしからの指摘に見事に応えてくれました。からだのラインがすっかり変わり、もともとお尻の位置が高いので、脚長になって、ステキになりました。

CASE 2

お腹ばかりにお肉がつきます。お腹を凹《へこ》ませるにはどうすればいいですか？

早坂浩美さん（53歳）

続いてのお悩み女性は……
早坂さん 53歳
お腹にばっかりお肉がつくんです
腰痛もあって…
お腹を凹ませるにはどうしたらいいんでしょう？
腹筋も頑張ってるんですが全然効果なくて…
今のまま腹筋をいくらやってもお腹は凹まないわよ！
ええっ？そうなの？
両方とも股関節のズレが原因で起こってるのよ
ねこ背だから上半身の重みをバランスよく受け止められず腰に負担がかかってしまうのね
これが腰痛の原因

そして腰に負担がかかるとそれに耐えようとお腹まわりに硬い肉がつくの
これがぽっこりお腹の原因
支えなきゃ〜
お肉つけなきゃ〜
腰痛とぽっこりお腹はセットなのよ〜
そんなセットいらない……
それに股関節がズレてると正しい腹筋運動ができないから効果が出ないのよね〜
上半身の反動で起き上がってしまう
この辺の力が弱い
あんなに頑張ってたのにショック……
私どうすれば…
ストレッチで背骨づまりを解消すればお腹が凹んでウエストがくびれるわよ！
ホントですか!?
やります！ストレッチ！
今日から！今すぐ！
めざせナイスバディ！

腰痛とお腹太りはセットです

スッキリくびれたウエスト。すべての女性の憧れであり、永遠のテーマといってもいいかもしれません。しかし、現実はいつも厳しい。ある年代以降になると、お腹まわりにたっぷり肉がついて、くびれがなくなってしまう、というケースがとても多いのです。

サロンにいらした早坂さんがいちばん気にされていたのもお腹太り。そして、もう1つ早坂さんを悩ませていたのが腰痛でした。

じつは**お腹太りと腰痛のこの2つ、原因は同じところにある**のです。

実際、お腹まわりが気になるという人に「腰は痛くありませんか？」と尋ねると、ほとんど「Yes」の答えが返ってきます。なぜ、お腹太りと腰痛はセットなのか。

それを説明しましょう。

根本的な原因は股関節のズレです。

早坂さんの場合も、「CASE1」の石田さんと同じように、股関節がズレているために、骨盤を構成する仙腸関節《せんちょうかんせつ》が広がり、背骨がつまっていました。

立った姿勢では骨盤が前に傾き、腰から背中にかけてのS字カーブが深くなって、背中が丸まったねこ背になり、お尻は出ていました。いわゆる、**〝ねこ背、出っ尻〟の体形**です。

ねこ背で首も肩も前傾している前首、前肩では、上半身の重みをバランスよく下半身で受けとめることができません。**要である腰に余分な負担がかかってしまう**のです。これが腰痛の原因です。

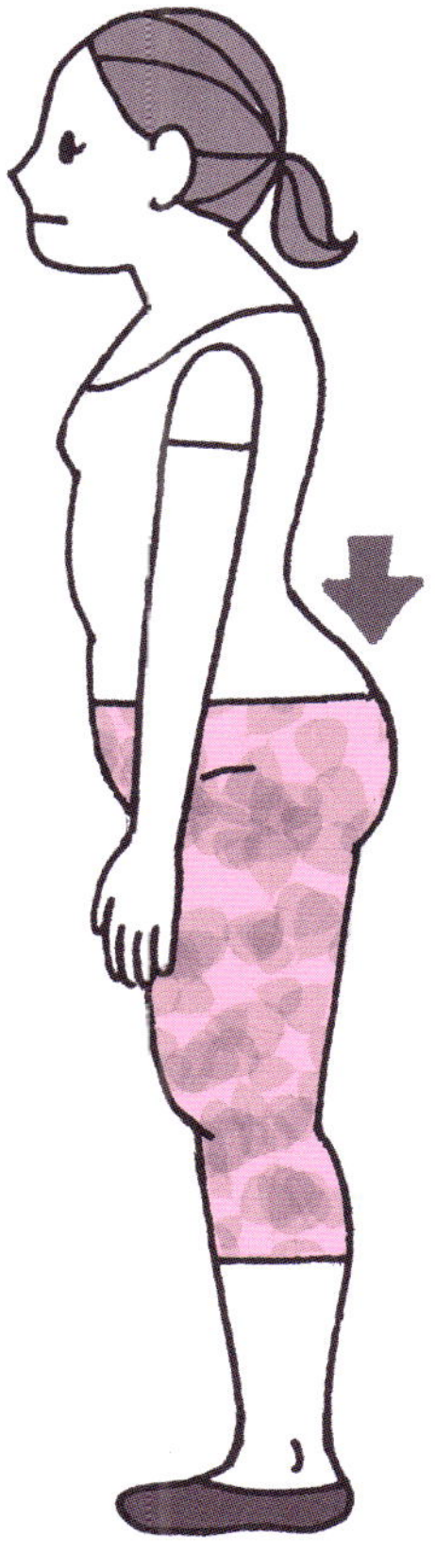

腰に必要以上の負担がかかると、それに耐えようとして、腰まわり（お腹まわり）にベルト状の硬い肉がつきます。さあ、出っ腹（お腹太り）の完成です。

いかがですか。両者がセットであること、わかっていただけたでしょうか。

なお、腰に痛みがあると、イスに座る際に、お尻をズルリと前に滑らせた、〝ずっこけ座り〟になることが多く、早坂さんもそうでした。この座り姿勢も股関節のズレ、内臓下垂、骨盤のゆがみを加速させます。

同じようにお腹太りと腰痛やギックリ腰に悩んでいたのが土井さん（60歳）と大沢さん（45歳）です。会社を経営する土井さんは、いくつかダイエットに挑戦したこともあったそうですが、どれも長続きしなかったとか。

一方の大沢さんはピアニストで、小さいころからピアノのレッスンに集中していて、座っている時間が長かったため、中学生から腰痛に悩まされ、その後、椎間板《ついかんばん》ヘルニアになって、手術をすすめられている状態でした。

体形はお2人とも早坂さんタイプ。お腹太りの原因もいっしょでした。

いくら腹筋しても、お腹は凹まない

「このお腹、なんとか凹ませたい！」。そう考えたとき、真っ先に頭に浮かぶのは腹筋運動ではないでしょうか。早坂さんも腹筋運動にとり組んでいるとのことでした。たしかに、腹筋運動にはお腹を凹ませる効果があります。

ただし、条件があります。しっかり腹筋を使う運動になっていることが、その条件です。股関節のズレは下半身のゆがみにつながります。そのため、脚の力、つまり、足底やひざ裏の力が弱いのです。

これでは効果的な腹筋運動はできません。ご自分では**腹筋運動をしているつもりでも、実際は肩や背中、二の腕などを使い、その反動で起き上がっているにすぎない**のです。

脚の力でお腹を引っ込め、上半身を起こすことで、腹筋は使われます。反動で起き上がったのでは、正しい腹筋運動になりませんから、お腹を凹ませる効果はほとんどないといっていいでしょう。

それどころか、そのとき使っている**肩や背中、二の腕に肉がついて太くなり、さら**

には前首、前肩をより進めることにもなってしまいます。

腹筋運動に対する〝信仰〟は、きっぱり捨ててくださいね。

股関節を整えて、まず〝出っ尻〟を直す

ねこ背の人の背骨はつまった状態になっています。つねに前かがみの姿勢になるため、重い頭をバランスよく支えることができず、負担が大きくなって、つまってくるのです。

背骨は33個の骨（椎骨）が連なってできていますが、椎骨の間にはそれぞれ関節（椎関節《ついかんせつ》）があります。**背骨がつまっている状態とは、32カ所あるその関節の間が狭くなっているということ**です。

それを解消するうえでもっとも大切なのは股関節を整えることです。股関節が整えば、骨盤のゆがみがなくなり、正しい位置に戻ります。

骨盤は背骨とつながっていますから、骨盤が正されることで、背骨の椎関節の間隔も広がり、深くなっていたS字カーブもバランスのとれた曲線を描くようになって、

背筋がスッと伸びます。ねこ背が解消されるのです。

もちろん、骨盤が前に傾いていることから起きていた出っ尻も解消され、背筋からお尻にかけてのラインも整ったものになります。

肋骨を上げ、腰にくびれる余裕をつくる

背骨づまりが解消されると、必然的にお腹が凹み、ウエストにくびれができます。

背骨は肋骨《ろっこつ》とつながっています。ですから、背骨がつまった状態では、肋骨は下がってきます。

肋骨が下がるということは、骨盤との距離が狭くなるということです。ウエストのくびれができるのは、ちょうどその位置ですから、距離が狭くなったら？

そう、くびれるスペースがなくなりますね。

つまりがなくなって、スッと背骨が伸びたら、肋骨が上がります。その結果、骨盤との間に十分なスペースができて、ウエストは自然にくびれてくるのです。

また、肋骨は心臓や肺、胃や腸などの内臓を支えています。その肋骨が下がれば、

ウエストがくびれるしくみ

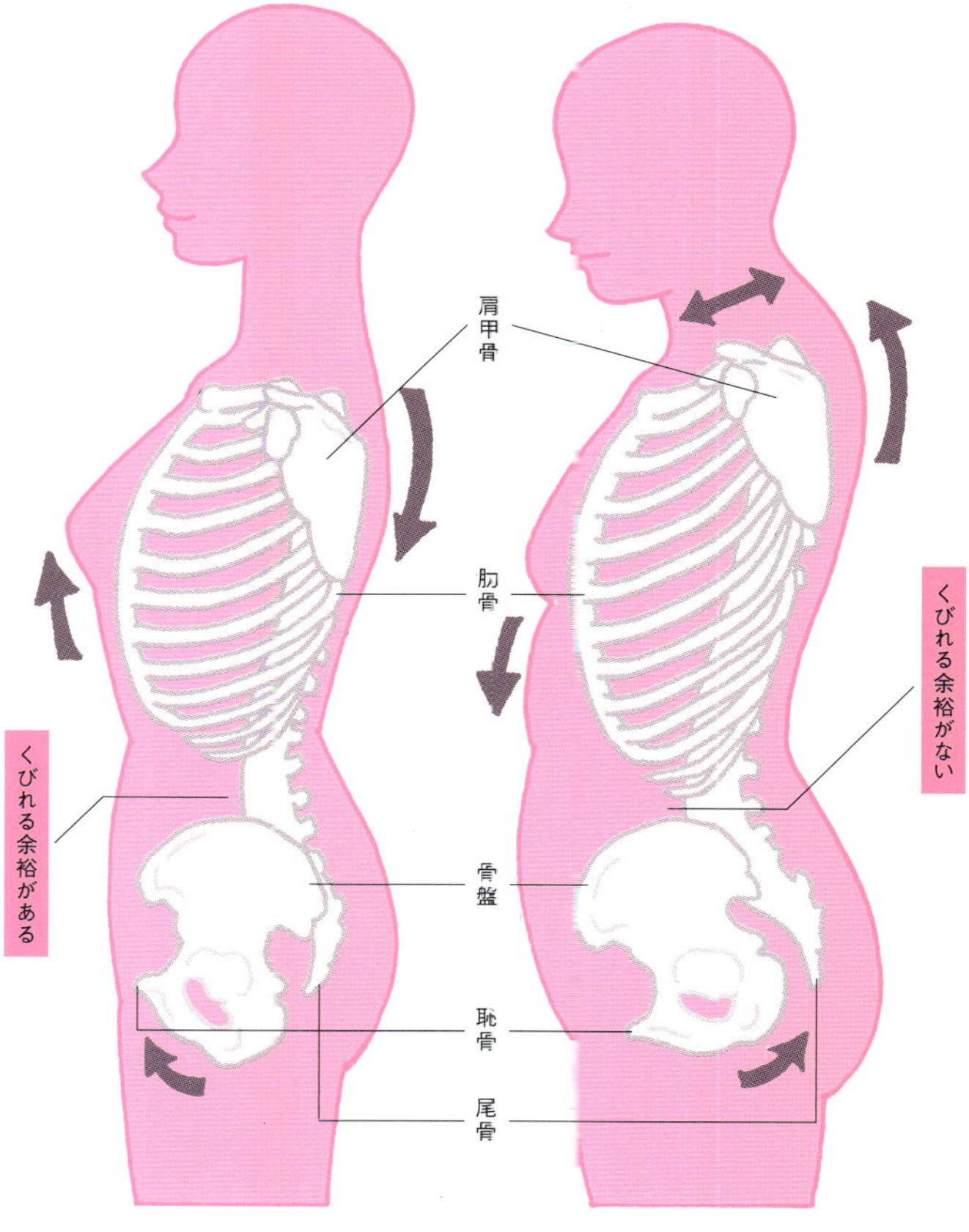

脊柱起立筋とは？

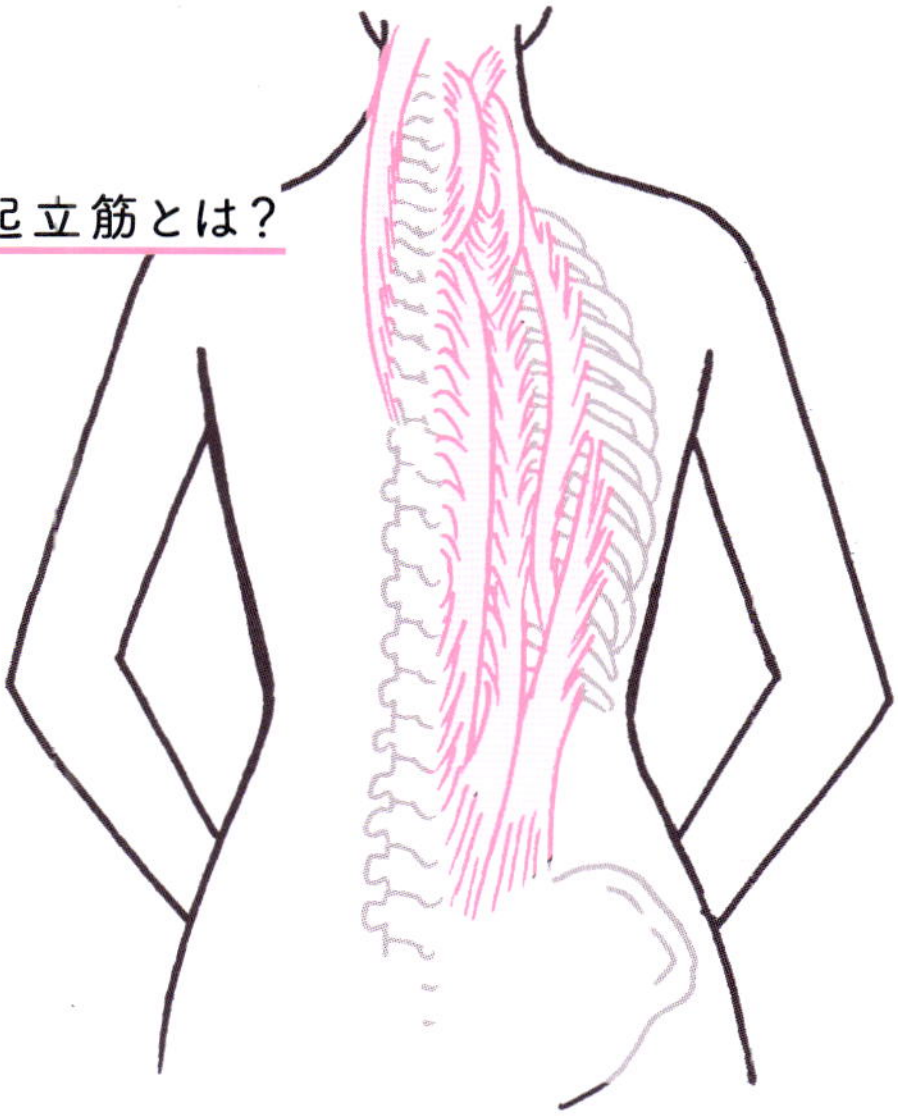

内臓も下がってきます（内臓下垂）。下がった内臓は内側からお腹を押して、ぽっこり太めのお腹につながります。

ここで、筋肉の話もしておきましょう。

背骨を支えているのが脊柱起《せきちゅうき》立筋《りっきん》と呼ばれる筋肉です。この筋肉は「抗重力筋」、つまり、重力に対抗する筋肉、しなやかに縦に伸びる筋肉です。

背骨がつまっていると、この筋肉への負担が大きくなり、弾力やしなやかさを失って、十分にその役割を果たせなくなります。

これも肋骨や内臓が下がる要因となります。**脊柱起立筋をほぐして弾力をとり戻させることも、お腹を凹ませ、ウエストのくびれをつくるうえで、大切なポイント**といってもいいでしょう。

胃腸のはたらきが悪いのも食べすぎの原因

股関節のズレから背骨が、つまり、ねこ背の体形になっていると、食欲も影響を受けます。

早坂さんは、「食事の量を減らすことは難しい」とおっしゃっていますし、土井さんからも、「会食が多くなるので、同席者につられて、つい、たくさん食べることになってしまいます」というお話をうかがいました。**ねこ背体形は食欲を必要以上に促す**のです。

ねこ背で内臓が下がってくると、胃が下がり腸が圧迫され、はたらきが悪い状態になります。

これでは胃液の分泌も、腸での栄養の吸収も十分におこなわれず、本来の消化吸収の機能を果たすことができません。食物の消化、栄養の吸収が悪くなるのです。

また、ねこ背で前首になると、耳下腺《じかせん》のはたらきも低下します。耳下腺は唾液を分泌する器官ですから、**唾液の出が悪くなります**。これも消化吸収の機能が低下する原因となります。

必要な栄養が吸収されないと、脳から「栄養が足りない。もっと食べなきゃだめ」という指令が出されるのでしょう。食欲がとまらない、食べすぎてしまうのは、そのためだと思われます。

股関節を整えて背骨のつまりをなくし、胃腸を〝定位置〟に戻せば、消化吸収の機能も適切にはたらくようになって、食べすぎるということもなくなるはずです。

くびれをつくる
ひざ倒し

股関節をほぐして整え、背骨のつまりを正して、
ウエストにくびれる余裕をつくるストレッチです。

1

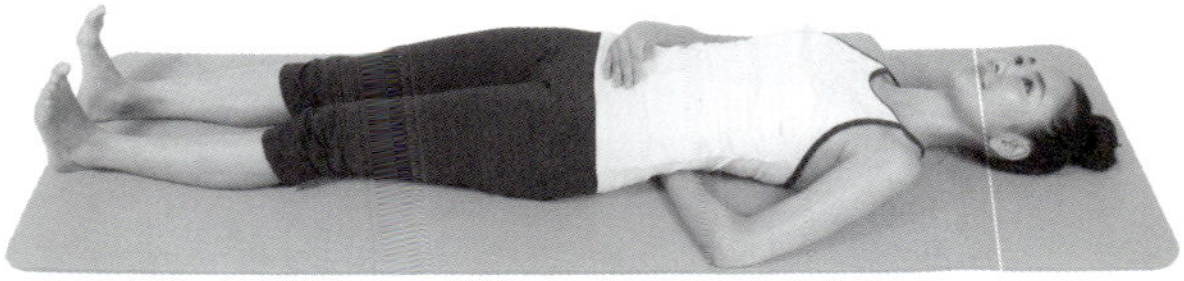

肩幅くらいに足を開きあお向けに寝る。つま先は中指と薬指がまっすぐ上になるように天井に向け、片方の手は手の甲を上にし背中の下、反対はお腹の上に。

2

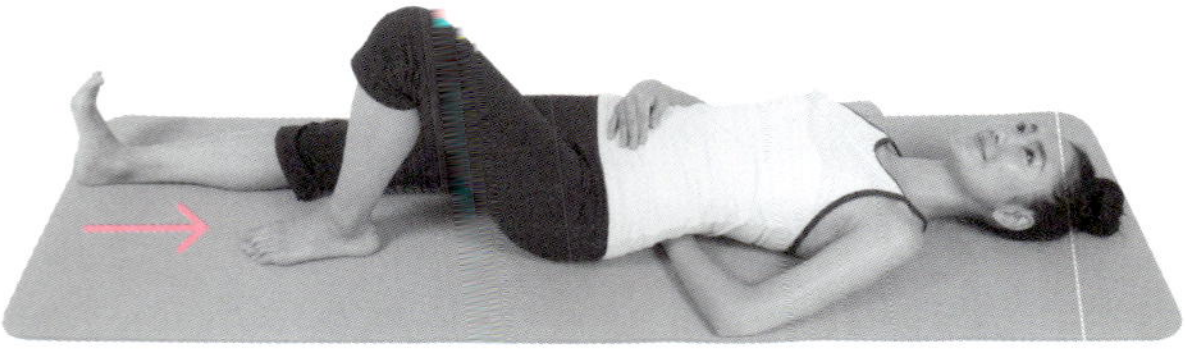

背中に入れた手と同じ側の脚を、足の裏を床につけたまま、ゆっくりと擦るようにして、できるだけ手前に引き寄せる。

3

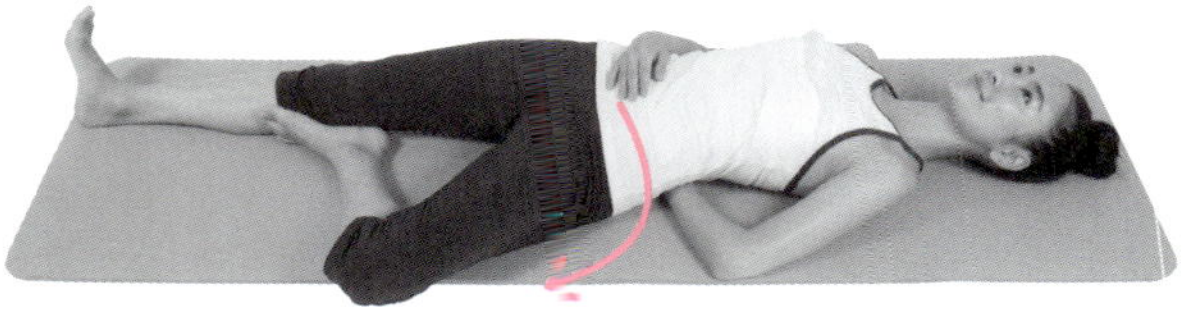

曲げた脚を股関節からパタンと脱力させるようにして倒す。

MEMO

お腹の上に手を置くのは、お腹が出ていないかを確認するため、背中の下に手を入れるのは、背中に力が入って背中が床から浮かないようにするため。ウエストを絞るために、片方ずつおこなうのがポイントです。

4

反対側の脚も足の裏を床につけたまま、スリスリと手前に引き寄せる。

5

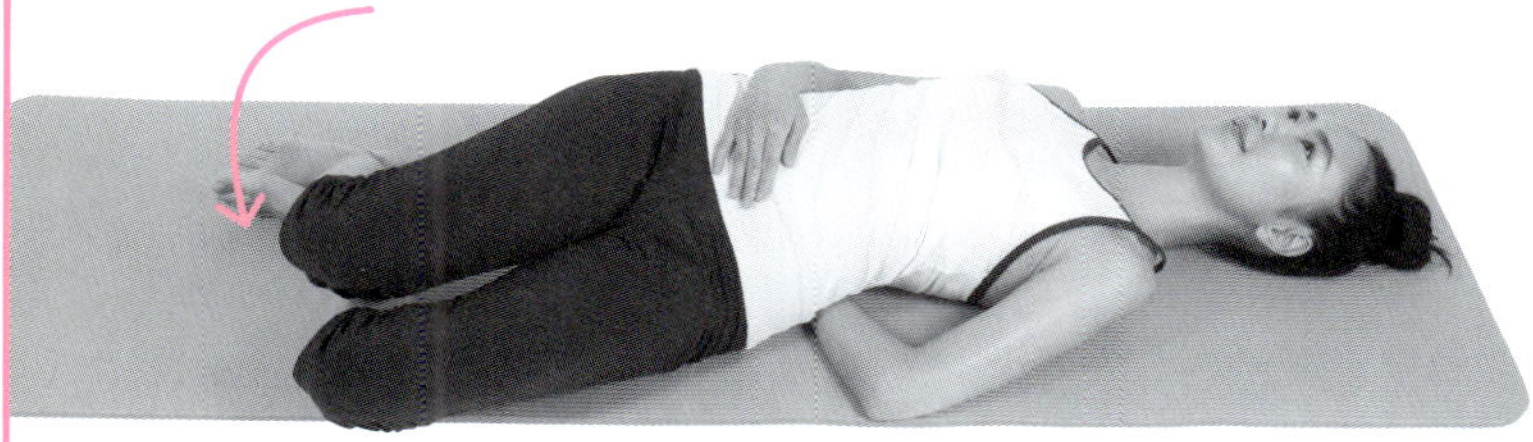

先ほどと同じ側に倒す。倒した両ひざを片方ずつもどし1の状態に。これを3回おこない、手を替え同じ要領で反対側に倒すストレッチも3回おこなう。

ひざ関節を整える

ひざ関節ほぐし

股関節をほぐしながらひざ関節を整え、太ももの裏の抗重力筋に刺激を与えます。
脚の力をつけるためのストレッチです。

1

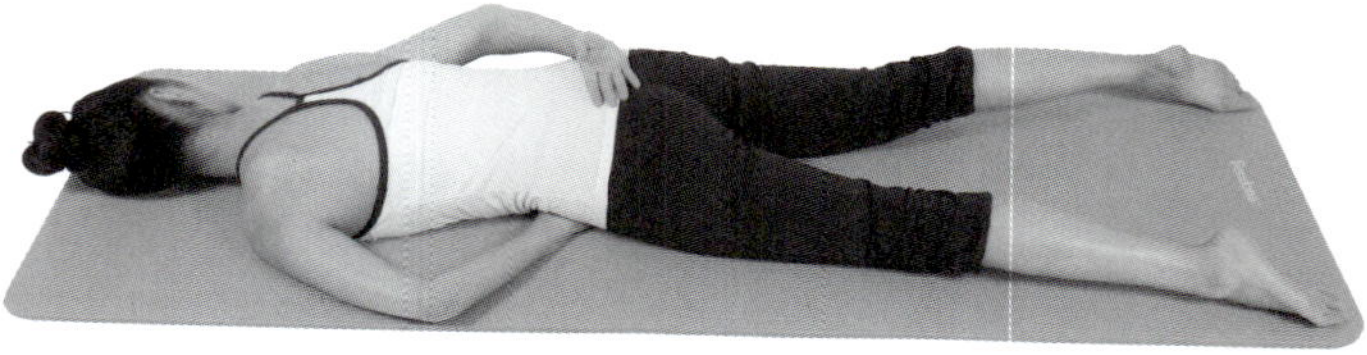

脚を肩幅より少し広く開いてうつ伏せに。片方の手をお尻の上に、反対の手を恥骨に当て顔をお尻にのせた手の側に向ける。

2

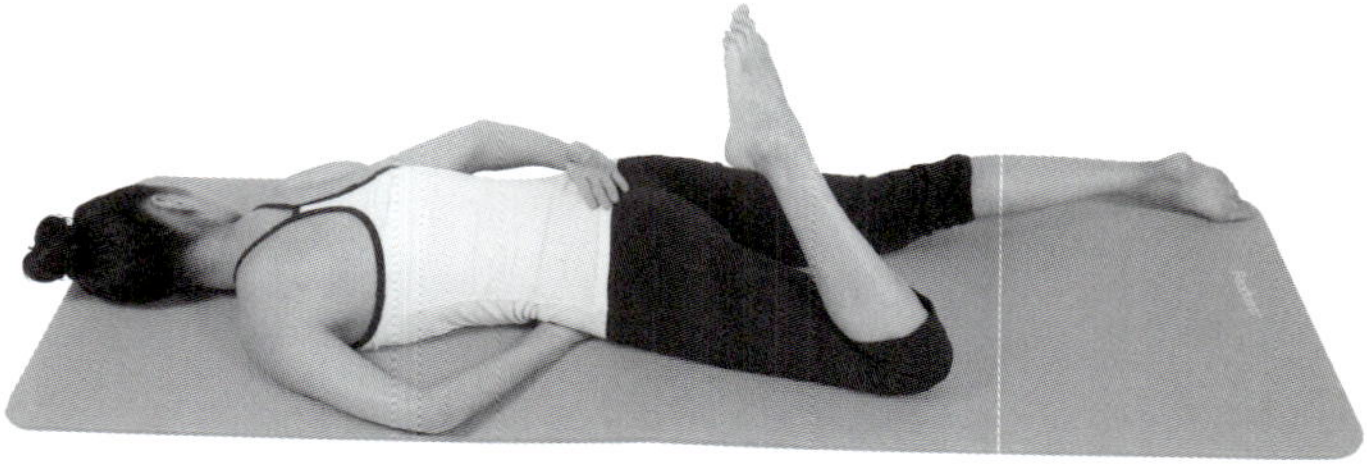

この姿勢が整ったら、恥骨に当てた手の側のひざを曲げる。脚のつけ根を床につけ、足の指を丸めながら、ひざを曲げるのがポイント。

トントンしたときに下に入れた手が恥骨にあたり脚のつけ根が伸びていることを意識しましょう。足底の力はお腹を凹ませる重要な条件の１つ。地面を押す力がつくことを感じましょう。

MEMO

3

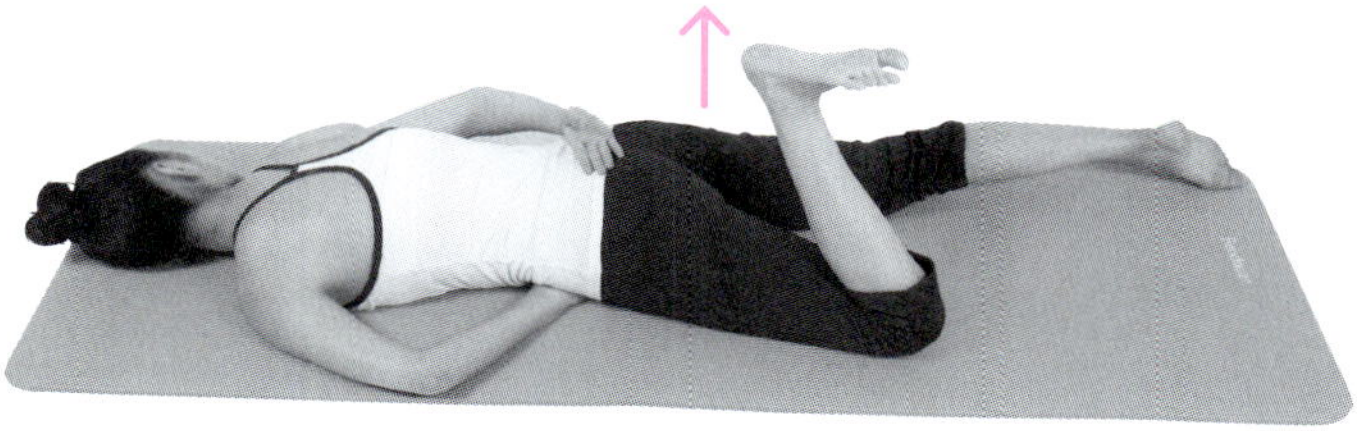

足首を曲げてかかとをクイッと出す。そのカタチをくずさないこと。

4

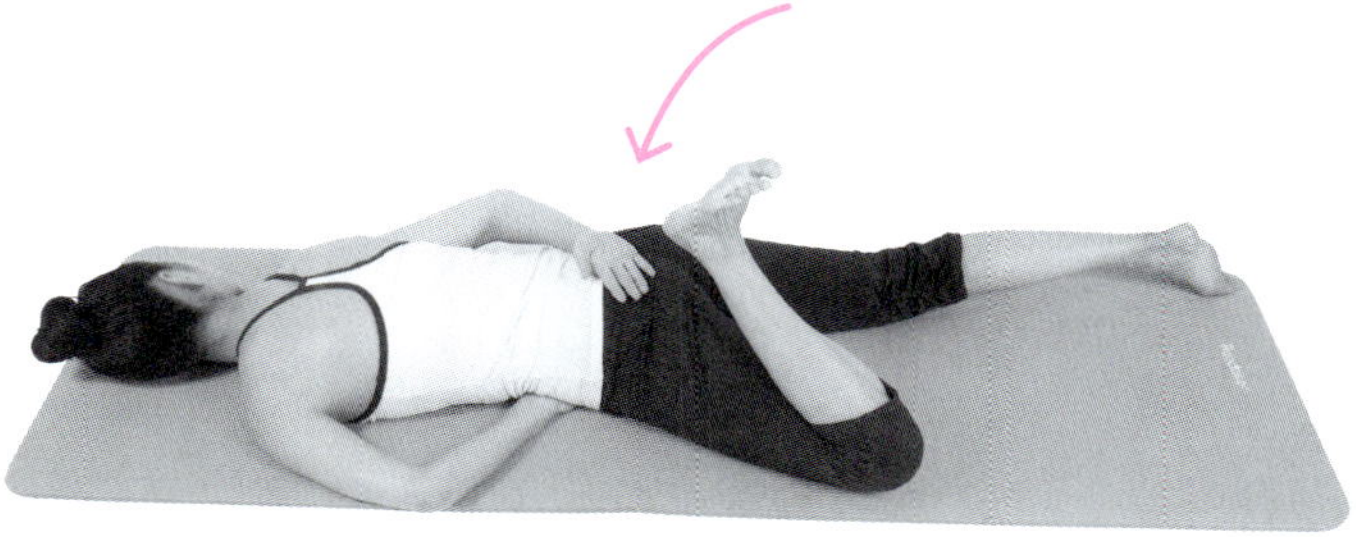

かかとをお尻の上に置いた手をめがけて、トントン10回たたく。これを1セットとして、3セット。顔の向きと手を変え、反対側の脚も同様におこなう。

骨盤の位置を整える

股関節まわし

股関節、骨盤の周辺の筋肉や腱をほぐして、しなやかさをとり戻し、
骨盤を正しい位置に整え、ウエストをしぼるストレッチです。

1

肩幅より少し広めに両脚を開いて立ち、両手の指を左右の太もものつけ根（股関節の位置）に添える。目線は正面へ。

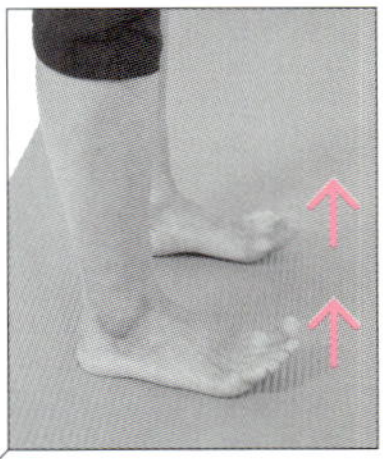

両足の指を上に持ち上げ、かかとに重心がかかるようにして立つのがポイント。

MEMO

腰をクルリとまわすのではなく、骨盤の下にある座骨と恥骨をまわす感覚でおこないます。この感覚を意識することが、骨盤を正しい位置におさめてウエストのくびれをつくることにつながります。

2

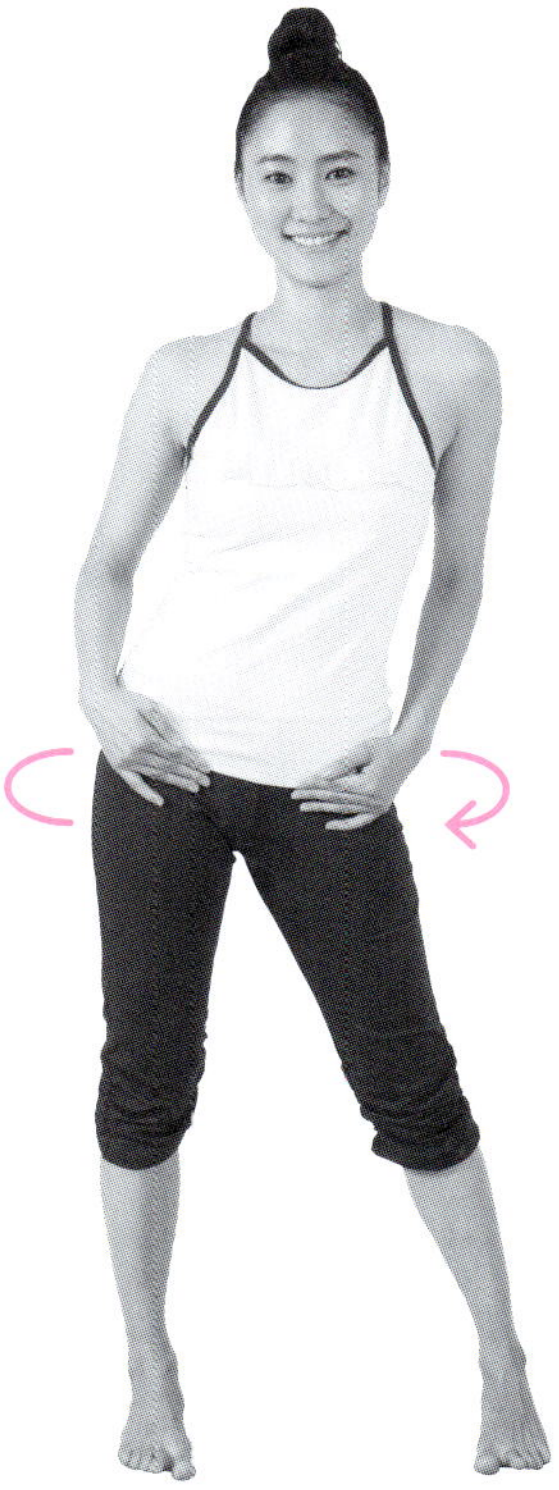

恥骨を意識し、前に押し出すようにして、脚のつけ根を右、後ろ、左、前へと時計回りに３回、水平に回す。

3

次に反時計回りに３回。時計回り３回、反時計回り３回で１セット。３セットおこなう。

体験者の声

腰の痛みがすっかり消えて、さらにウエストがマイナス15センチ!「そのウエストライン、うらやましい!」そんな友人の声がうれしくてしかたがありません

早坂浩美さん（53歳）

50歩チェックの結果
全身が前傾し、股関節、ひざ関節、背骨までゆがみが連携していました。右脚の力が強く、脚のトラブルも。

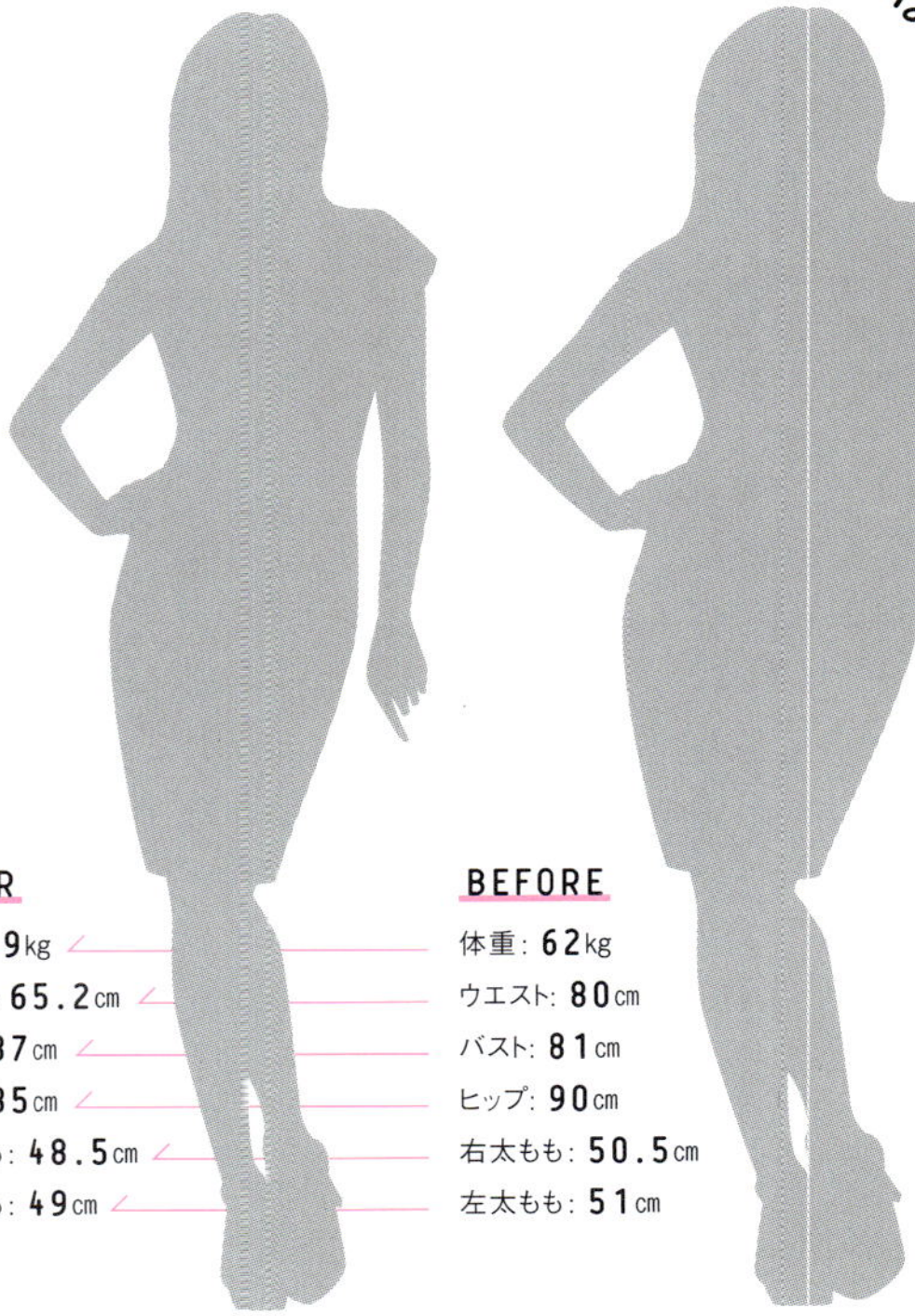

AFTER

体重：49kg
ウエスト：65.2cm
バスト：87cm
ヒップ：85cm
右太もも：48.5cm
左太もも：49cm

BEFORE

体重：62kg
ウエスト：80cm
バスト：81cm
ヒップ：90cm
右太もも：50.5cm
左太もも：51cm

以前から悩まされていた腰の痛みがひどくなり、お腹も出てきたので、

「このままではいけない！」

と切実に考えました。

そこで、とり組んだのが腹筋運動でした。かなり熱心にやったつもりだったのですが、お腹はちっとも凹みません。

「いったん太くなってしまったウエストは、もうスリムにはならないのかしら？」

そんな諦めの気持ちになりかけていたときに、南先生のサロンのことを知ったのです。早速、サロンにうかがい、ストレッチを指導していただきました。ところが、はじめの2〜3週間は頭が痛くなったりすることもあって、ストレッチをするのがつらかったのです。

しかし、変化はその後すぐにあらわれました。気分も見違えるようにスッキリして、自分の体形が少しずつ変わっていくのが、鏡を見てわかるのです。実感以上にモチベーションを高めてくれるものはありません。

毎日、楽しくストレッチを続けました。そんななか、久しぶりに会った友人がこんな言葉をかけてくれたのです。

「あら、お腹がすっかり凹んで、細くなったわね〜。素敵なウエスト。うらやましいわぁ〜。何をしたの？」

そのときいちばん聞きたかった言葉だったかもしれません。うれしくなって、あらためて鏡で体形を入念にチェックしてみたのです。すると、これも悩みのタネだったねこ背がすっかり直っていました。

背中も余分な肉がなくなって、スリムになっていたのです。

いちばん変わったのは、やはり、ウエストでした。80センチあったのが、15センチもサイズダウンして、65センチになったのです。

気に入っていたのにそれまではけなかったスカートにトライしてみたら、なんと、〝スルリ〟。

女性は誰でもそうだと思いますが、体形が変わってお気に入りのファッションができるようになるのが、何にもまさる喜びなのです。

思わぬ〝付録〟のご褒美もありました。趣味のゴルフの腕前がグンと上がったのです。背中もウエストもスリムになって、からだの回転がよくなり、スイングスピードが増したからだ、と自分で勝手に解釈しています。

腰の痛みもすっかり消えて体調は万全。子育ても終わったいま、いろんなことに挑戦してみたいと思っていますし、なんでもできる自信がある自分に、ちょっぴり誇りも感じています。

まとめ

年齢を重ねると、徐々に代謝が衰えてきます。ついてしまった〝贅肉《ぜいにく》〟は落ちにくくなり、閉経を迎えるころになると、体調にもさまざまな不調があらわれてきます。早坂さんはちょうどそんな年齢を迎えていました。

そんな年齢を迎えると、たいていの人は諦めてしまいます。「もう歳なんだから……」と。でも早坂さんは、とても積極的にストレッチにとり組んでいました。サロンにいらしたときは「お腹が引っ込まない……」というものでしたが、ストレッチを毎日つづけるうち、からだ中の〝よけいなお肉〟がするりと落ちていきました。

わたしはいまでも覚えています。「先生、背中のお肉がスッキリしたせいか、ゴルフのスコア88を出したんですよ！」。早坂さん、とてもうれしそうでしたね。

体験者の声

ピアニストの職業病、ヘルニア改善で始めたストレッチでウエストマイナス9センチ、ステージでの姿が美しいと褒めてもらえるようになりました！

大沢洋子さん（45歳）

50歩チェックの結果

右脚が強く、とくに右太もも と右腰が前に出ていました。左脚が弱く、脚のバランスが左右で違うタイプ。

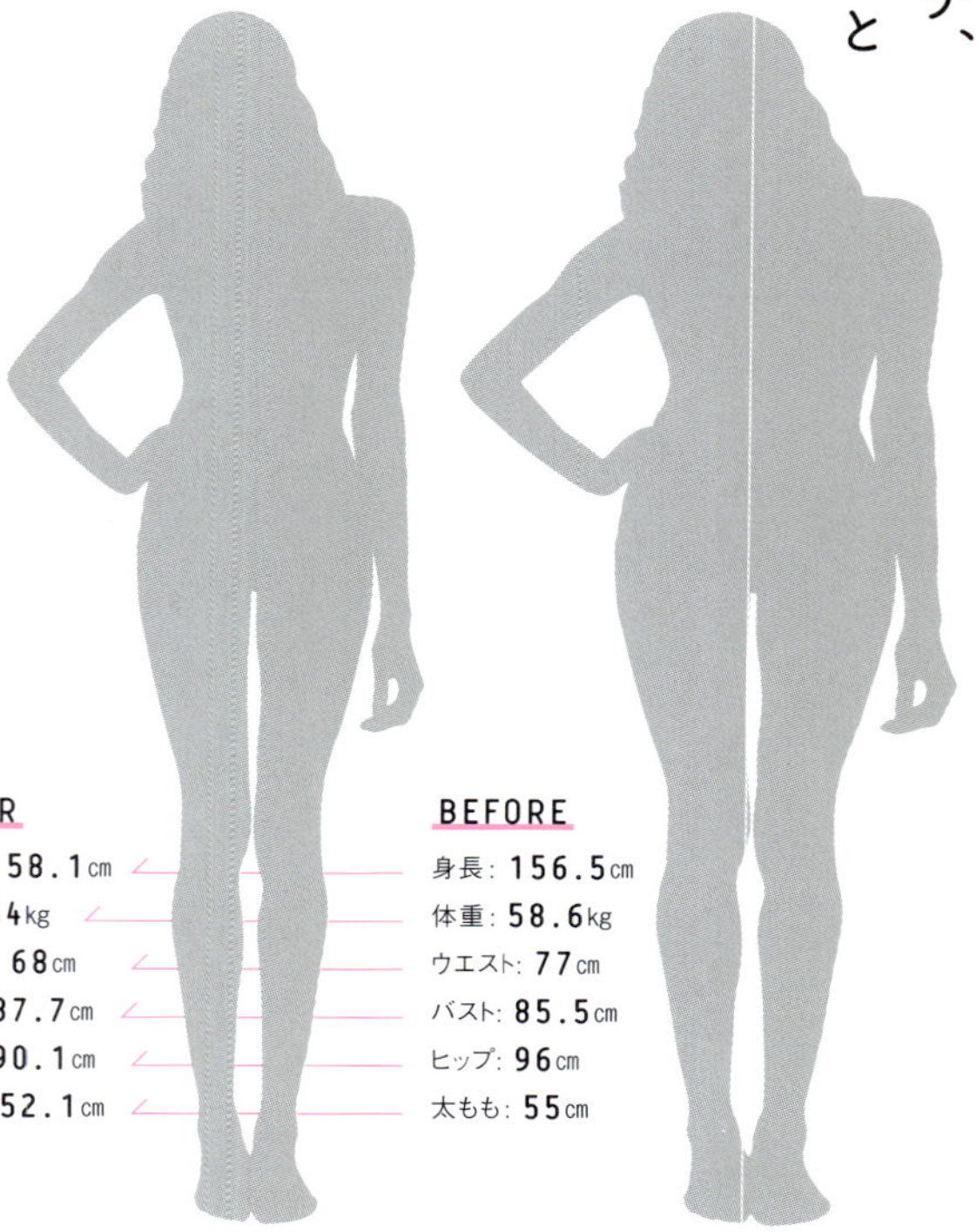

AFTER

身長：158.1cm
体重：54kg
ウエスト：68cm
バスト：87.7cm
ヒップ：90.1cm
太もも：52.1cm

BEFORE

身長：156.5cm
体重：58.6kg
ウエスト：77cm
バスト：85.5cm
ヒップ：96cm
太もも：55cm

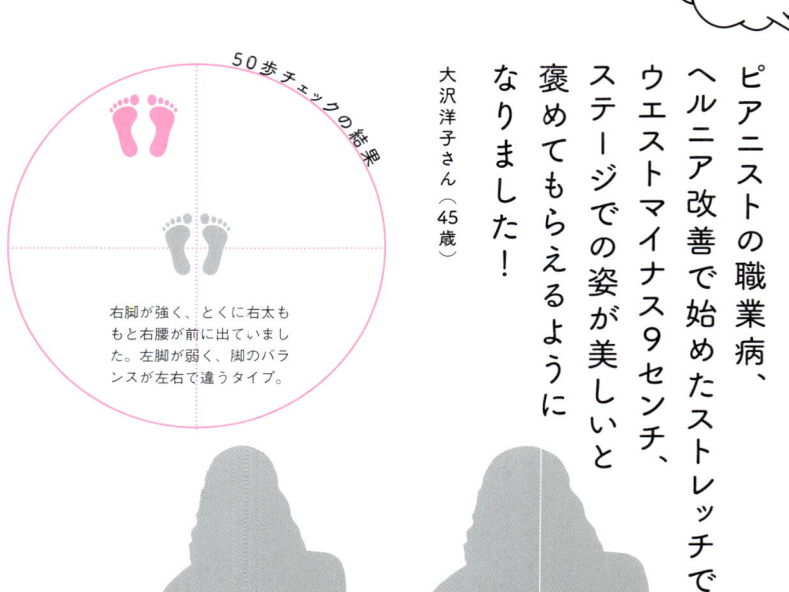

小さいころからピアノばかり弾いていたためか、中学生で腰痛になり、その後、2度の出産を経て椎間板ヘルニアの診断が下りました。主治医からは手術をすすめられましたが、わたし自身は、手術なしでピアニストを続けていきたい、と思っていたのです。その思いを叶えてくださったのが南先生のサロンです。

とはいえ、正直なところ当初は、半信半疑だったのです。しかし、疑問はすぐに消えました。ストレッチを始めて3回目くらいから、腰がとてもラクになり、下半身が軽くなったのです。

その後も回数を重ねるごとに腰の痛みはやわらぎ、コースを終えたときにはまったくなくなっていたのです。長い間苦しんできた腰痛が治った喜びは格別なものでしたが、それ以上に驚いたのは体形が大きく変化したことです。

わたしは月2回、ピアニストとして舞台に立っています。そのステージを見てくださった方が、ピアノを弾く姿勢がいい、脚がきれい、顔が小さくなった……といった言葉をかけてくださったのです。

わたし自身のいちばんの驚きはウエストが細くなったことでしょうか。サイズが9センチもダウンしたのです。いつも洋服をつくってくれている母に直しをお願いした

ところ、

「つめるところがずいぶんあるわ。ウエストなんか、こんなにつめなくちゃいけないわね」

といわれたのです。ウエストのくびれはプロポーションの最重要ポイント。それがクッキリしてきたことで、ファッションの楽しみが2倍にも、3倍にもなったのです。これからもストレッチを続けて、ウエストがキュッとくびれたプロポーションを、いつまでもキープしたい、と思っています。

まとめ

「ウエストのくびれって、こんなふうにできるんですね！」。ストレッチを重ねていった大沢さんが、わたしに最初に投げかけてくれた言葉でした。彼女はピアニストということもあり、ステージ衣装のラインにこだわっていました。ウエストのくびれ、ここはドレス姿で舞台に立つ彼女にとっては重要だったと思います。でも、姿勢もスッと伸び、ドレス姿も自信にあふれて、美しくなりました。

CASE 3

肌が地黒なんです。色が白い人がうらやましいです…

立川加奈さん（29歳）

続いては…
肌が地黒なんです色が白い人がうらやましいです
立川さん 29歳
肌荒れもひどいし髪にも艶がないわね
ハイ…
手先も赤黒くなってる………血流が悪い証拠
でも肌の色は生まれつきだしどうにもならないですよね…
あらそんなことないわよ
肌が黒くなる原因は関節のつまり
つまっている部分が黒いの！
ええっ！そうなんですか？

関節のつまりから血流やリンパの流れが悪くなって新陳代謝が滞ると
毒素や老廃物が排出されずに肌が黒ずむのアトピーの原因よ
首の関節につまりがあれば首や顔が黒くなり
アトピーにもなりやすいの
股関節やひざの関節につまりがあればひざ裏が黒くなるのよ
ストレッチで関節のつまりを解消して
血流やリンパの流れがよくなって新陳代謝が活発になれば
誰でも色白でうるおいのあるきれいな肌になれるわよ！
すごい！体は全部つながってるんですね！

肌の色は生まれつきではありません

こんな言葉をご存じですか。

「色の白いは七難隠す」

透き通るような白い肌の女性は、目鼻立ちに少々難点があっても、それを十分に補って余りある、という意味ですね。

白い肌も女性の憧れの1つでしょう。しかし、

「肌の色は生まれついてのものでしょう。白い肌で生まれなかったら、どうにもならないじゃない！」

そう考えている人が少なくないのではありませんか。サロンにいらっしゃる方の多くもそうです。肌の色は変えられないという先入観をもっている。

そんなことはありません。**肌の色が黒ずんでいるのは、からだのどこかにそうなる原因があるから**なのです。ですから、個人差はありますが、その原因をとり除けば、黒ずみが消えて誰でも色白の肌になります。

それはわたし自身が経験したこと。幼いころから色黒がわたしの悩みでした。20代

のころはコントロールカラーで調整しないと、「大丈夫？　顔色、悪いんじゃない？」と友人たちから心配されるほどだったのです。

しかも、うるおいもなく、手と足はカサカサしたサメ肌。肌に関しては〝二重苦〟を背負っていたのです。

ところが、現在たくさんの方に指導しているストレッチを自分自身で実践するなかで、二重苦は払拭されました。その経験からもう一度いいましょう。

色黒も肌荒れも、必ず、変わります。**色白でうるおいがあるきれいな肌は、誰でも手に入れることができる**のです。

関節につまりがあると色が黒くなる

肌の色が黒くなってしまう原因は、ズバリ、関節のつまりです。なかでも**色黒とかかわりが深いのが背骨のつまり**だと思います。

わたしはサロンにいらっしゃる方の肌の色を必ず視診《ししん》します。肌が黒ずんでいた立川さん、石田さん（前出）、林さん（後出）は、どなたもとくに背骨のつまりが顕著でした。また、首、肩まわりの関節がつまっていて、肩甲骨や背中まわりの筋肉が硬くなっていたのが宝石デザイナーの杉田さん（32歳）です。

ちなみに、関節のつまりは手先を見ればわかります。顔には黒ずみがあらわれていなくても、手の先が赤黒くなっている人がいます。これは**からだの血流が悪くなっている証拠**です。

血流を悪くするのは関節のつまりやズレやゆがみ、それによる筋肉のねじれですから、からだのどこか（あるいは複数箇所）に問題がある、と考えられるのです。みなさんも、手の先の色をチェックしてみたらいかがでしょう。

肌の色や状態を左右するのは、血液やリンパの流れです。血液やリンパがスムーズに流れていれば、新陳代謝が活発におこなわれ、毒素や老廃物がとどこおりなく排出されます。つまり、デトックスがうまくおこなわれるわけです。

その状態が保たれていれば、肌にも黒ずみやくすみは起こりません。それが起きるのは血液やリンパの流れが悪くなっているときです。何が血液やリンパの流れを悪くするのでしょう。いちばんの原因は、やはり関節のつまりです。

血液やリンパの流れをとどこおらせないためには、しなやかに筋肉がよく伸縮する

ことが不可欠です。ところが、関節がつまっていると、関節自体の動きが悪くなりますし、関節でつながれている骨の動きも悪くなります。

筋肉は骨の周辺についていますから、骨がよく動かなければ、筋肉の動きも悪くなるのです。

これが血液やリンパの流れが悪くなってしまうメカニズム。それによって肌の色が黒ずんでくるのです。

つまりのある部分がとくに黒いんです

色が黒いといっても、全身が同じ色調ではなく、からだの部分で違いがあります。顔の黒さが目立つ人もいれば、とくに首が黒いという人もいる。腕やひざの裏の黒さが際立っている人もいるのです。

なぜ、そんな色のムラがあらわれるかというと、人それぞれで関節がつまっているセクション（部分）が違うからです。背骨のつまりから波及して、首（頸椎）の関節につまりが起きれば、首や顔が黒くなりますし、ひじの関節につまりがあれば、ひじから先が黒く、股関節がつまっていたら、脚の色が悪くなり、肌がカサつきつやがなくなります。

このことからも、色黒と関節づまりが密接にかかわっていることがわかります。もっとも、関節のつまりは1箇所にとどまらず、他の関節のつまりにつながっていきますから、肌の色の黒さもからだ全体に広がっていくことになります。

先にお名前をあげた方々も、肌の黒さは全身におよんでいました。

皮膚から出る毒素も黒さの原因

ここで肌のしくみについて少し触れておきましょう。

わたしたちの肌の表面の角質層は、汗腺《かんせん》から出る汗と皮脂腺から分泌される皮脂とが混じり合った皮脂膜で覆われています。皮脂膜が汗と皮脂がバランスよく〝調合〟されたものであれば、肌はうるおいのあるものになり、角質層の生まれ変わりもスムーズにおこなわれます。

また、汗や皮脂といっしょにからだのなかの毒素や老廃物も排出されます。毒素や老廃物は主に尿として体外に排出されますが、肝臓や腎臓の機能が弱っていると、尿からうまく排出できず、肌から通常以上に排出されることになる、と思われます。

その余計な毒素や老廃物が肌の表面で酸化腐敗して、においや黒ずみの原因になるのです。

立川さんの色黒にはこのことも関係していたのではないかと思います。立川さんは子どものころからアトピー症状があり、ステロイド系の薬を常用していました。からだにたまったそのステロイドが逆に戻り、肌から排出され、黒ずみの原因ともなっていたのではないでしょうか。

さらに、アトピー症状によるかゆみをかいてしまうこともあったでしょう。そのかき傷も肌を黒くさせることにつながっていました。

毒素や老廃物を排出しきってきれいな肌にするには、デトックス作用を高めるしかありません。血液やリンパ液の流れをよくして、新陳代謝を活発にする。そのためには、そう、関節のつまりを解消することです。

肌荒れ、冷え症も原因は同じです

すでにお話ししたように、わたし自身が色黒でカサカサした荒れ肌に悩んでいました。そして、もう1つ、しもやけができるほどのひどい冷え症でもあったのです。同じ状態だったのが杉田さんです。

小さいときから色黒に加えて、冷え症で肌荒れ。しかし、これは不思議なことではありません。大本の原因はすべて関節づまりによって、全身の血流、リンパの流れが悪くなっていることにあるからです。

体温を維持しているのは血液の流れです。約37〜38度の血液が全身をくまなく流れることによって、体温が保たれているのです。ですから、その血液の流れがとどこおったら、からだは冷えてしまう。冷え症になるのです。

わたしはホースに喩《たと》えて血流の悪さを説明しています。長いホースで水をまく際、ホースのどこかの部分が折れ曲がっていたり、踏まれたりしていたら、水の出は悪くなりますね。

関節のつまりは、ホースの折れ曲がりや踏みつぶしといっしょ。その部分を血液がスムーズに流れなくなり、全身の血流を悪くしてしまうのです。関節のつまりがなくなると、からだがぽかぽかと温かくなってきます。血液が全身に行きわたっている証拠といっていいでしょう。

血液はまた、全身に酸素と栄養を運ぶ役割を担っています。血流がよくなるということは、からだの隅々にまで栄養が届けられるということ。たっぷり栄養をもらった肌は、うるおいをとり戻します。肌荒れ解消です。

「うなはだけ」という言葉があります。**「う」はうるおい、「な」はなめらかさ、「は」はハリ、「だ」は弾力、「け」は血色**です。

「あっ、そうか！」と思われた方もいると思いますが、この「うなはだけ」が備わっているのが、理想的な肌なのです。

それを実現するためのカギを握っているのが、血液とリンパの流れをよくする正しい関節の動きといっていいと思います。

関節のつまりをとると、肌と髪がきれいになる

あとでご紹介するストレッチによって、つまっている関節を正しく整えると、筋肉もよく動くようになり、しなやかさをとり戻して、伸縮自在なものになります。その結果、血液やリンパの流れがよくなるのです。

血液を全身に送り出すポンプの役割をしているのは、いうまでもなく心臓です。その心臓のサポート役を担っているのが足、そして手です。**足は「第二の心臓」**といわれているのはご存知かもしれませんね。

足の筋肉を十分に動かすことによって、それがポンプとなり、心臓に血液を送り返すサポートをするのです。**手はいってみれば、「第三の心臓」**です。手を動かすことで血流がよくなります。

ところが、肩の関節、ひじの関節、手首の関節がつまっていると、手の動きが悪くなるのです。つまり、第三の心臓としてのポンプ役を充分にはたせなくなるわけです。それが、そのまま、血液の流れの悪さにつながることは、いうまでもないでしょう。手の動きに関連している関節のつまりを正すことが必要です。

関節のつまりがなくなり、血液やリンパの流れがよくなったからだは、新陳代謝もよく、デトックス作用も効率よくおこなわれます。肌を黒ずませている要因がとり除かれるのです。肌が白くなるという、うれしい変化が起きるのは必然です。

変化はそれだけではありません。**髪がサラサラしてきれいになる**のです。頭皮も肌ですから、汗と皮脂の膜で覆われています。新陳代謝が悪いと、その水分と脂《あぶら》分のバランスが悪くなります。

そのため頭皮がベタベタしたり、カサカサになったりして、髪もダメージを受けるのです。新陳代謝がよくなれば、頭皮もいい状態になりますし、血流がよくなることで、毛根に充分な栄養が届きますから、つやがあってサラサラした、太くてきれいな髪になるのです。

ひじ関節と肩関節をほぐす

ひじ関節ほぐし

ひじ関節と肩関節を整えて、手のポンプ作用を高めるストレッチです。
末端の血流を促して、肌と髪をきれいにしましょう。

1

イスに浅く座り、片方の手をお腹に当て、ひじを曲げる。脚は肩幅くらいに開き、足の外側のラインがまっすぐになるような平行足をつくる。

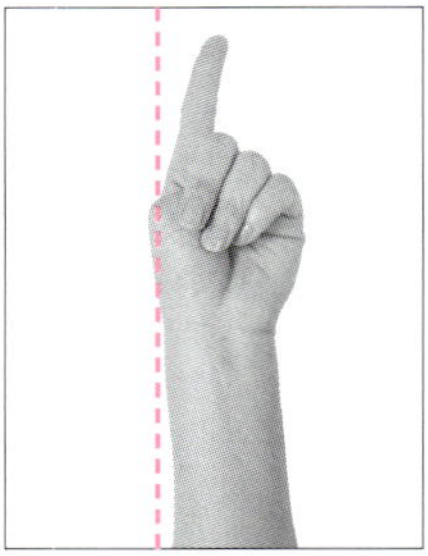

手の甲を下にして、親指を中に入れてグーを握り、人差し指を立てる。人差し指からひじまでがまっすぐになるように。

立てた人差し指が左右にぶれず、スタート位置に戻る。ここがポイントです。手のひらを上にして両うでを伸ばしたとき、ひじが曲がって中央に寄る猿手の人には、とくに効果的なストレッチです。

MEMO

2

ひじから下を45度まで上げ、手首は曲げずに人差し指を真後ろに勢いよく曲げる。勢いよく曲げるので、その反動でもとの位置に戻る。これを５回おこない、息を吐く。これを３セットおこない、反対側も同じようにおこなう。

足首関節をほぐす

足首ほぐし

ふくらはぎなどのひざ下をやわらかくし、整えるストレッチです。
アプローチするのは足首。足首をほぐして、脚先のポンプ作用を高めます。

1

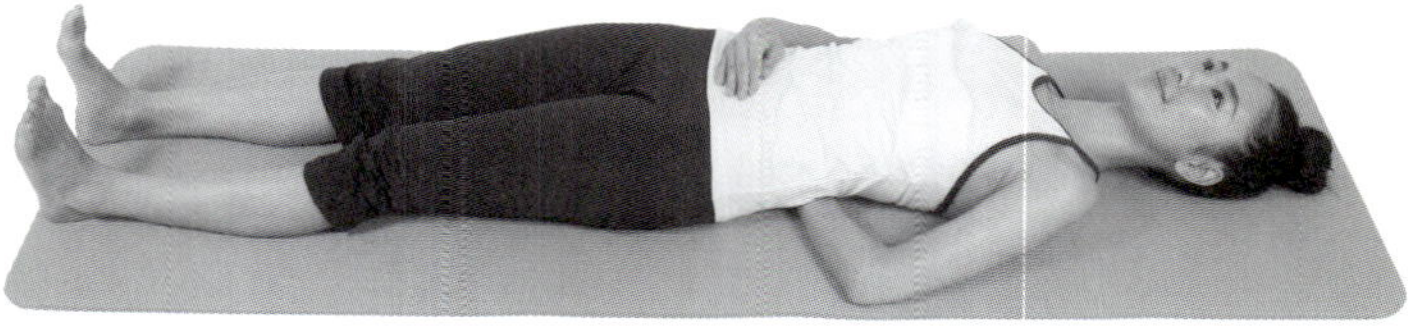

肩幅くらいに脚を開きあお向けに寝る。つま先は中指と薬指がまっすぐ上になるように天井に向け、片方の手は背中の下、反対にお腹の上に。

2

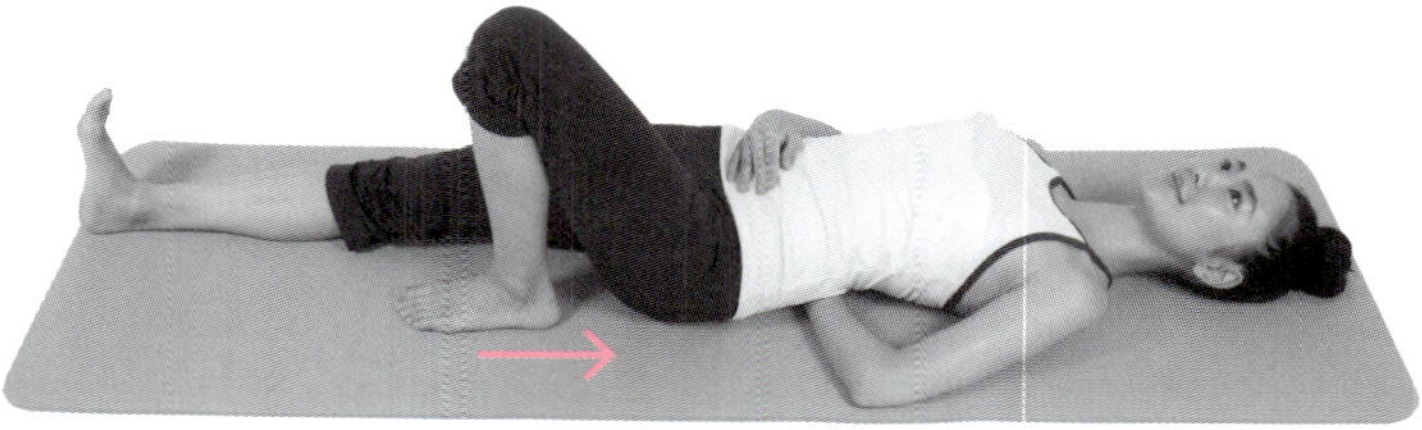

背中に入れた手と同じ側の脚を、足の裏を床につけたまま、ゆっくりと擦るようにして、できるだけ手前に引き寄せる。

足首は思っているよりも硬く、またいつも同じ方向に向けるクセがあるものです。このストレッチは足首をやわらかくするだけでなく、曲げグセを矯正して、血流を促し、足のポンプ作用を高めます。

MEMO

3

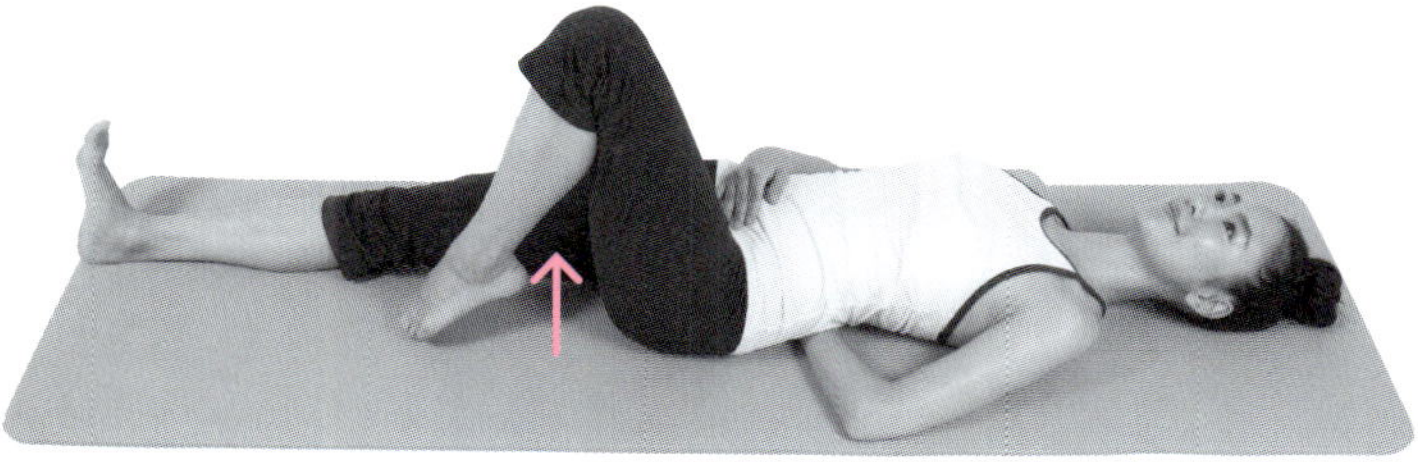

ひざを曲げたまま、指を丸めてかかとを上げ、指の真ん中を床につける。太ももやふくらはぎ、足の甲に力をいれないようにおこなう。

4

ひざは曲げたまま、上げていたかかとの真ん中を床につける。丸めていた指を解放し上に上げる。3と4を交互に10回、3セットおこない、反対側も同様に。

ひざ下をほぐし血流を促す

ひざほぐし&かかとまわし

ひざ関節のつまりをほぐしながら、ひざ頭を正しい位置に戻し、
脚の抗重力筋を刺激します。血液、リンパの流れにも効果的なストレッチです。

1

壁に背をつけて両脚を前に伸ばし、両脚はこぶし1つ分くらい開ける。ひざ裏たたき（28ページ）の要領で座骨を整える。

2

片方の手のひらを、ひざの上10センチくらい上にかざす。もう片方の手は太ももの上に。

3

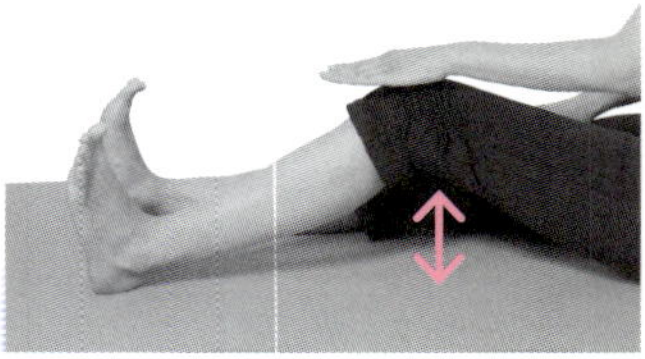

かざした手のひらにひざがあたるように、ひざをもちあげる。トントントンとリズミカルに5回。太ももには力を入れずにおこなう。

4

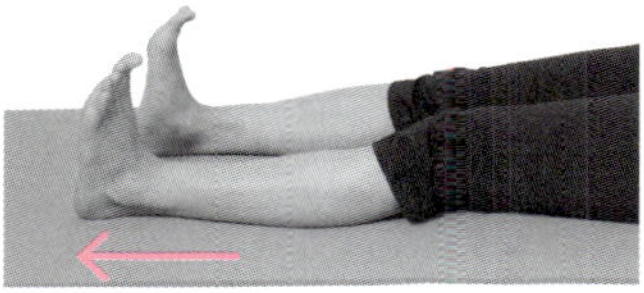

かかとをグ～ンと前に押し出す。かかとが床から浮くくらいに伸ばすのがポイント。3と4を1セットとして2セットおこなう。

MEMO

股関節やひざ関節は、「流れ」をスムーズにする大切な通り道です。硬くこわばっていたひざまわりが整うと、歩き方も整い、足運びがきれいになります。ひざ上がすっきりする効果も。

5

床にかかとで直径20センチくらいの半円を描く。股関節から外まわしにまわすこと。半円を描き終わったら4のようにひざを伸ばす。3回。

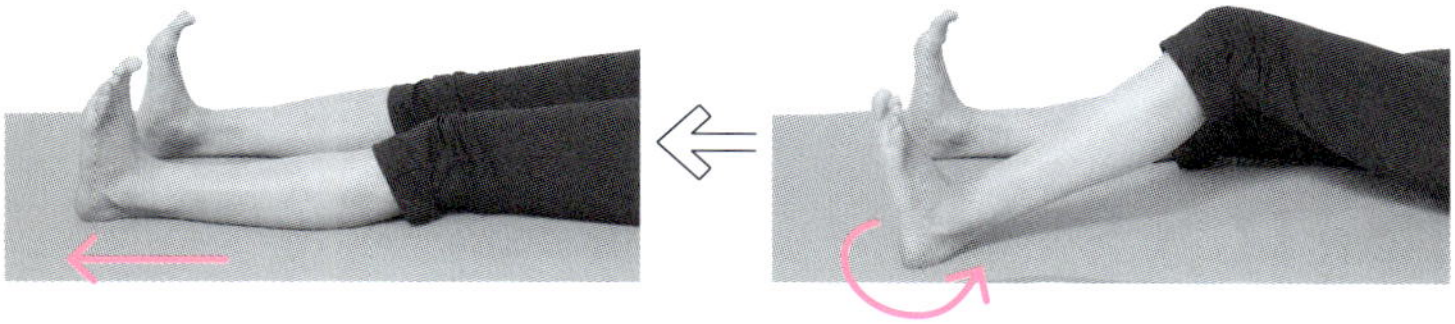

6

次は、かかとでの半円描きを、40センチほどに大きくする。3回おこなったら、5のようにひざを伸ばす体勢で終了。3回おこなう。

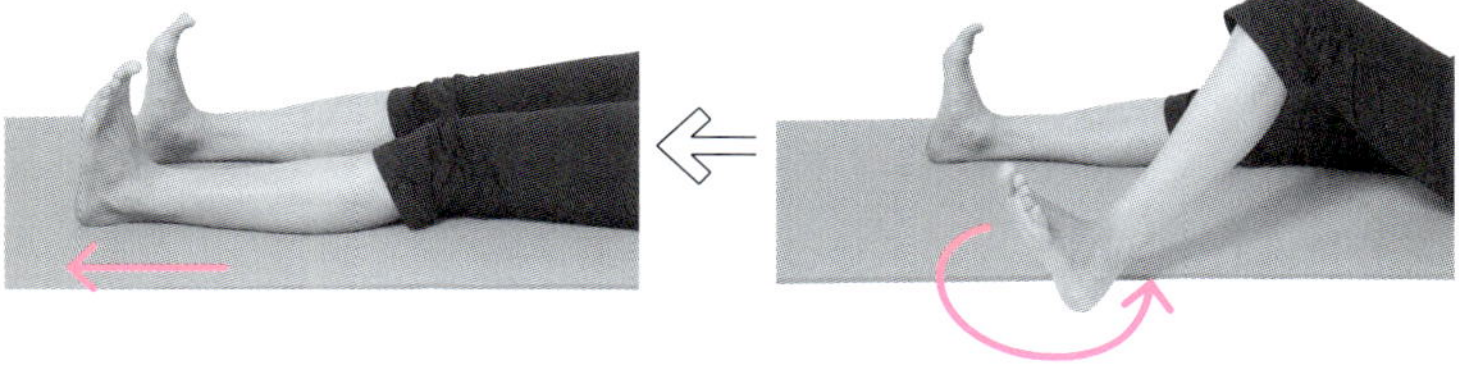

7

最後に、広げられるだけ大きくかかとで半円を描いていく。同じく3回おこない、ひざを伸ばして終了。脚を変えて、同様におこなう。

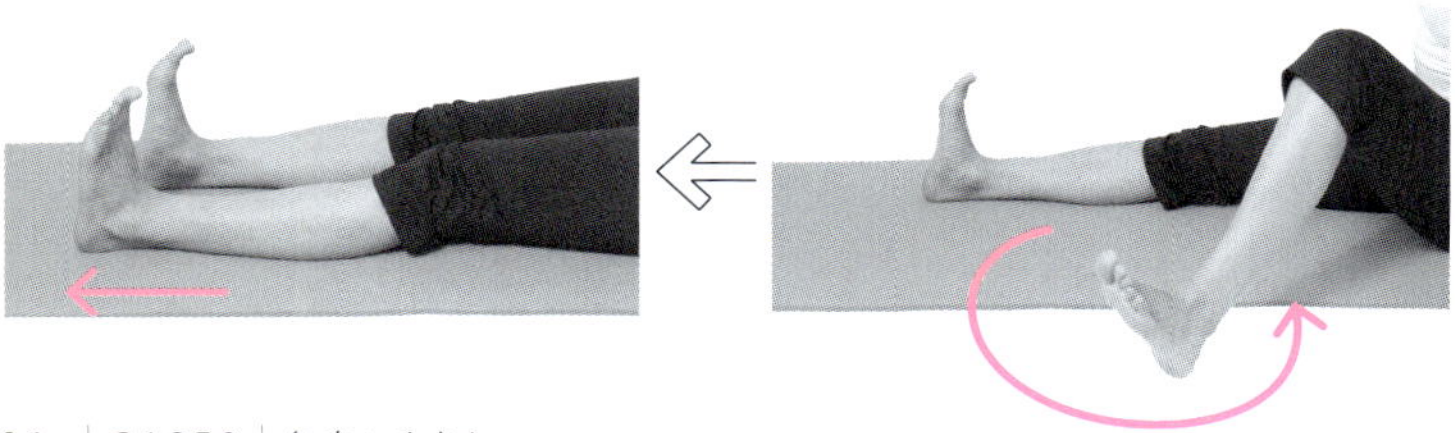

体験者の声

子どものころからのアトピーが改善して、肌の色が白くなったのにビックリ。色の黒さは生まれつきじゃないんだ！

立川加奈さん（29歳）

50歩チェックの結果
右脚がひどく強くゆがみ、股関節のズレやゆがみで左右のバランスが悪い。上半身の首まで前傾したタイプ。

AFTER

身長：162.3cm
体重：47kg
ウエスト：58cm
バスト：85.3cm
右太もも：49.0cm
左太もも：48.3cm

BEFORE

身長：159.8cm
体重：55.3kg
ウエスト：61.3cm
バスト：79.1cm
右太もも：51.9cm
左太もも：48.9cm

子どものころから悩んでいたアトピーは、成長するにつれて症状がやわらいでいったのですが、体調を崩したり、疲れがたまったりすると、かゆみが出てきました。とくに季節の変わり目はかゆさで眠れないことも……。そんなときは決まって肌の黒ずみがひどくなったのです。

ただ、わたしが南先生のサロンを訪ねたのは、アトピーや肌色とは関係ない悩みがあったからです。

10年ほど前から美術の勉強をしていて、毎日、根《こん》をつめて絵を描いていました。それがいけなかったのか、肩こりがひどくなり、腰も痛くなってきたのです。体調の悪い日が続き、アトピーの症状も出てきていました。

なかでも腰痛は耐えられないほど悪化してきたのです。サロンを訪ねたのは腰痛を治したかったからです。南先生に真っ先に指摘されたのは、ねこ背で背骨の関節がつまって、側湾症《そくわんしょう》になっているということでした。

そこで、必要なストレッチを指導していただき、実践してみると、すぐに腰の痛みがなくなったのです。それだけで当初の目標は達成されたのですが、さらには考えもしなかった変化が起きたのです。

アトピーの症状がまったく出なくなり、肌の色がほんとうに「これが自分？」と思うほど白くなったのです。肌の色が変わるなんて、〝奇跡〟を見ているような気がしたものです。

黒ずんだ肌とは一生つきあっていかなければいけないのだ、と諦めの気持ちでいたのですが、白い肌が自分のものになって、心弾むような毎日を送っています。これは、サロンにうかがったことで起きた、いちばんの驚きの変化です。その喜び、うれしさを噛みしめています。

まとめ

立川さんがサロンにいらしたときはまだ大学生。この年代の若い女性には、肌の黒ずみはとても深刻な悩みだったと思います。肌色を悪くするのは、血流やリンパの流れがとどこおっているからです。その大本が、関節のつまり。とくに立川さんは、首と背中のつまりが強かったですね。でも、それを解消してあげると、首こり、生理痛、便秘、脚のゆがみもすべて解消し、太らなくなりました。

CASE 4

昔から〇脚なんですが、〇脚って直らないですよね？

手島佳子さん（43歳）

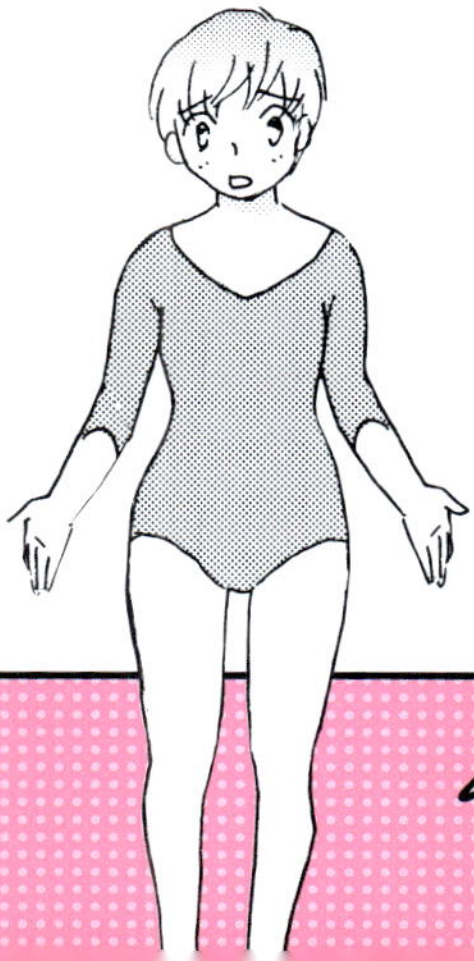

手島さん 43歳
美脚になりたい…
わたし O脚なんです
これは 直らないですよね
うーん あなたのは O脚じゃないわね
えっ？
脚が 曲がった状態は X脚 O脚 XO脚 があるけど
X脚
O脚
XO脚
手島さんの場合は XO脚ね
O脚だと 思っている人の 80％はじつは XO脚なの

これってひざ下の骨が曲がってるってこと？
だったらやっぱり直らないですよね
正しい股関節の位置
ズレている
骨が曲がることはありません！
関節のズレやゆがみによって脚の骨が正しい位置からズレてしまい曲がった脚になってしまうの
○脚を直そうとひざをくっつけて歩いたり一直線上を歩くのは
やっちゃってた…!!
むしろ股関節のズレを誘発しちゃうのよ
ズレた股関節を整えるストレッチでまっすぐキレイな脚になりますよ
ストレッチで美脚ゲット！ですね！

O脚は股関節のねじれが原因

まっすぐスラリと伸びた脚。プロポーションの美しさを際立たせるのがそんな美脚といっていいかもしれません。しかし、現実には脚に悩みを持っている人が多いのではないでしょうか。

「わたしO脚なんです。これは直らないですよね」

そうおっしゃったのは手島さん。脚が曲がっている状態にはX脚、O脚、XO脚がありますが、自分の脚がどの状態なのかについては、案外、誤解があるようです。手島さんもそうでした。ご自分ではO脚と思い込んでいたのですが、実際はXO脚だったのです。

手島さんばかりでなく、**O脚だと思っている人の80%以上はじつはXO脚**なのです。ひざが内側に入り、ひざ下がO脚にゆがんでいるのがそれ。O脚はひざも外側に開いた状態になっているのですが、女性でこのように脚が曲がっている人は、それほど多くはありません。

3つの脚の曲がりについて説明しましょう。

脚が曲がるしくみ

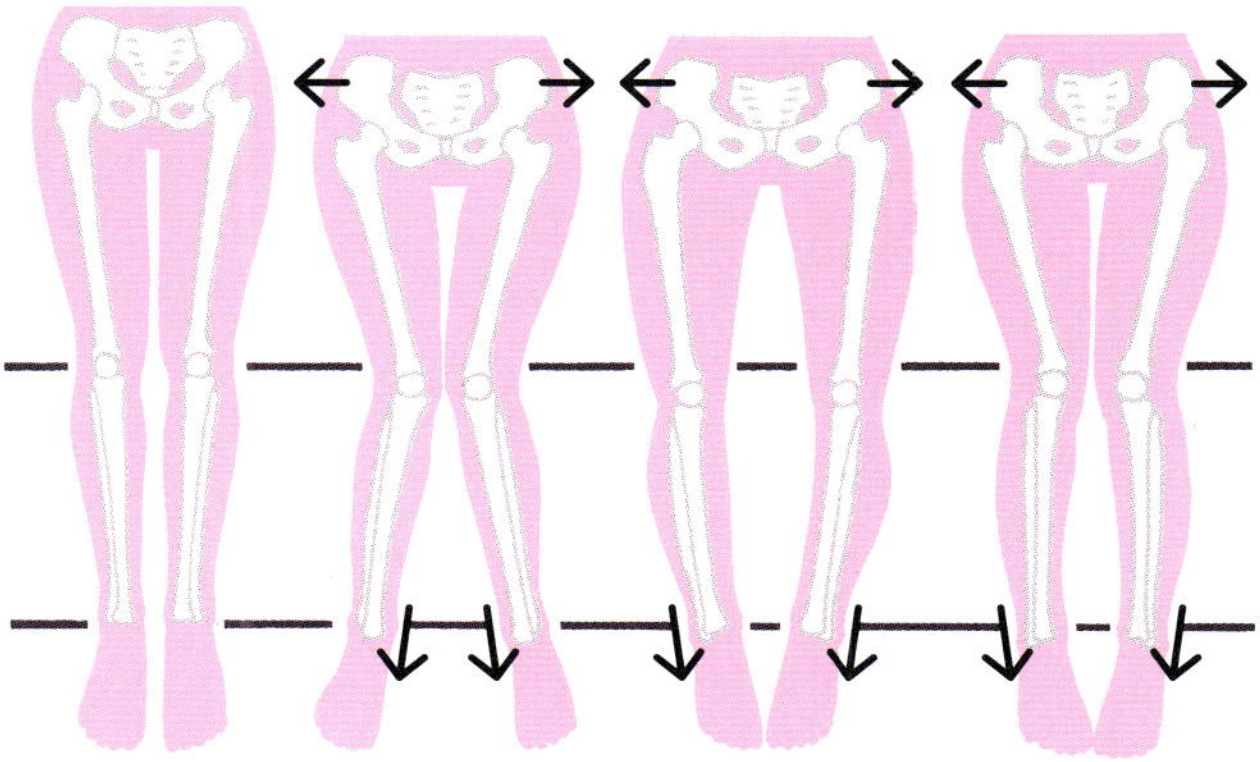

1 正しい脚　2 X脚　3 O脚　4 XO脚

どれも股関節がズレて外側に広がっていることで起きています。

股関節のズレによって大腿骨《だいたいこつ》が斜め内側に入っているのがX脚とXO脚です。重心はX脚では足底の内側に、XO脚では外側にかかっています。

一方、O脚はひざが真ん中に寄らず、重心は足底の外側にかかっています。

どの曲がり方をしているかで、靴底の減り方が違ってきます。X脚では内側が減りやすく、XO脚とO脚では外側が減りやすいのです。

股関節が広がっていると、無意識のうちに左右の足幅を狭めた歩き方になりがちです。それが股関節をさらにゆがませることになるのです。その影響は大腿骨《だいたいこつ》にまでおよび、大腿骨が斜めになってしまいます。

その結果、**ひざが内側に入り、ひざ関節がズレ**ます。ひざ下には**脛骨と腓骨という2本の骨がありますが、それもズレてくる**のです。ゆがみのない真っ直ぐな脚では、内踝《ないか》（内くるぶし）と外踝《がいか》（外くるぶし）の高さが同じですが、ゆがみが起きているとその高さも変わってきます。

XO脚、O脚の人は内踝が高く、外踝が低くなり、X脚では内踝が低く、外踝が高くなります。

脚が曲がる原因は股関節のズレだといいましたが、股関節にズレが起こるのは、上半身の重みで背骨の下の仙骨が下がり、仙腸関節が広がり、骨盤が開いてくるからです（22ページをご参照ください）。**股関節がズレると大腿骨が斜めになる**ことは、すでにお話しした通りです。

杉田さん（前出）と美輪さん（28歳）も、XO脚の方でした。このお2人は体型がやせ型で共通していました。やせ型の人は股関節を整えやすく、脚の曲がりも直しやすいといえます。体重が軽いため、股関節にかかる上半身の重みによる負担が小さいからです。

いずれにしても、脚の曲がりを直すには、股関節を整えることがもっとも重要になってきます。大丈夫、股関節はアタックしやすい部分ですから、X脚も、XO脚も、O脚も直ります。

骨が曲がっているのではなく、関節でズレている

これまで曲がっている脚は直らないと思っていた人は少なくないはずです。どうしてそう思い込んでいるか。脚が曲がっているのは骨が曲がってしまっているからだという先入観があったからでしょう。

しかし、骨自体が曲がることはありません。もう、すでにみなさんがご存じのように、**脚が曲がって見えるのは関節のせい**なのです。関節（股関節、ひざ関節）のズレやゆがみによって、そこにつながっている脚の骨（大腿骨、脛骨《けいこつ》、腓骨《ひこつ》など）が正しい位置からズレて、曲がった脚をつくってしまうわけです。

ズレたりゆがんだりしている関節は、硬くなっていますから、ほぐすことが大切で

す。**まわす、曲げる、伸ばすといったはたらきかけによって、関節はほぐれて**いきます。

また、**ズレやゆがみをそれ以上進ませないように、関節まわりの筋肉も発達**します。これは伸縮性のない硬くこわばった「サポート筋肉」です。

この筋肉は関節の動きを悪くしますから、ほぐして減らし、伸縮性のあるしなやかな筋肉をつけることも、真っ直ぐな脚をつくるうえで大事になってきます。

O脚になりやすい歩き方、していませんか?

誰にでも生活習慣があります。立ち居ふるまいはどれも、その習慣に影響されます。歩き方も生活習慣といえます。女性には歩くときも美しくいたい、という願望があるのではないでしょうか。

そこで、意識して美しく見える歩き方を心がけ、いつかそれが習慣になる。男性のようにがに股で闊歩《かっぽ》するというのは〝美〟から遠い歩き方ですから、女性にはもっと工夫が必要なところでしょう。

では、がに股の逆、ひざが開かないように、ひざを閉じて歩くのはどうでしょう。女性らしいおしとやかな歩き方に思えますが、これが美脚の大敵なのです。やってみるとわかると思いますが、無理にひざをくっつけて歩くとどうなるでしょう。

バランスをとるために、ひざから下が外側重心になるのではありませんか。この歩き方が習慣になっていると、ひざが内側に寄り、足底の外側に重心がかかって靴底の外側が減る、XO脚になってしまうのです。

「一直線歩き」も問題山積です。1本のライン上に左右の足を運ぶのが一直線歩きで

すが、股関節の構造からいえば、両足の間をこぶし1つ分くらい空けて歩くのが、いちばん理にかなっているのです。理にかなっているということは、余計な負担がかからないということです。

理にかなっていない**一直線歩きをすると、大腿骨がより斜めになり、股関節のズレを誘発**します。この歩き方がクセになり、長年続けていたら？　もう、説明するまでもないですね。股関節のズレと斜めの大腿骨。そう、脚の曲がりにつながるわけです。

また、一直線歩きをしているときは、足の親指に力が入っています。足の親指はか

かとの外側、親指以外の4本の指はかかとの内側と連動しています。また親指は足の甲側、親指以外の4本の指は足の裏側の筋肉とつながっています。

つまり、親指に力を入れて歩くと甲高になりやすく、靴底はかかとの外側が減りやすくなります。これは股関節にズレを生じさせやすい歩き方なのです。

縮んだ脚の内側の筋肉を伸ばす！

股関節のズレを正し、整えることは、真っ直ぐな脚を実現するための必須条件です。股関節が正しい位置で安定することで、大腿骨もその下の2本の骨（脛骨、腓骨）も正しい位置に整います。

ただし、それだけでは十分ではありません。骨には筋肉がついています。その**筋肉にはたらきかけることも必要**です。脚のふくらはぎ、ひざの裏、太ももの裏にある筋肉は抗重力筋、文字どおり、重力に対抗してしなやかに縦に伸びる筋肉です。

股関節やひざ関節がズレていると、これらの筋肉はうまく発達せず、縮こまった状態になっています。それを解消し、脚の裏側の筋肉をしっかり伸ばすことで、脚はまっすぐになるのです。脚の裏側の筋肉はまた、お尻の筋肉（中殿《ちゅうでん》筋《きん》、小殿《しょうでん》筋《きん》）につながっています。脚の裏側の筋肉が伸びることでそれらの筋肉は上に引き上げられ、お尻を中央に引き締める筋肉もよくはたらくようになります。トップが高くキュッと締まったヒップになるのです。

まっすぐ伸びた脚とかたちのいいヒップはセットです。

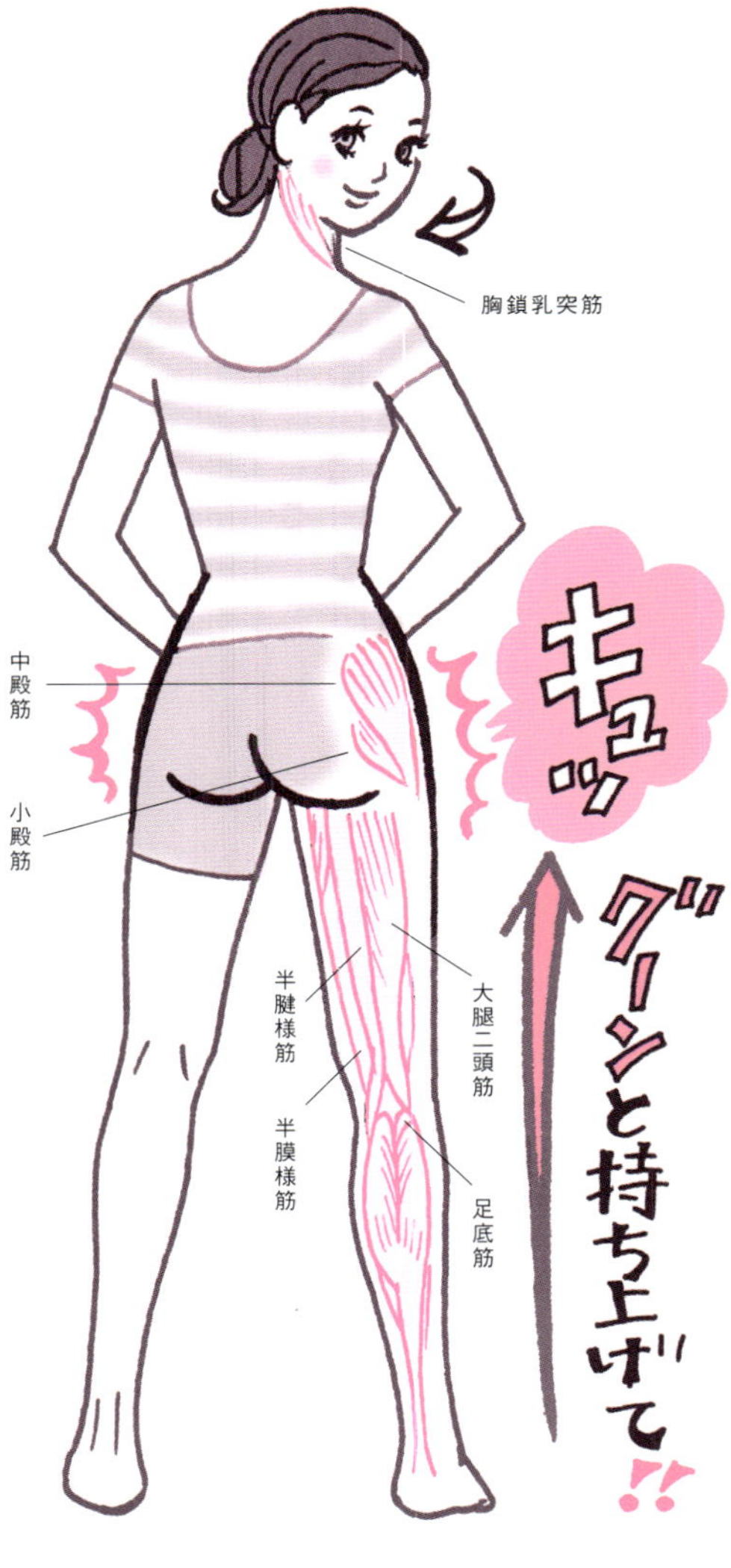

胸鎖乳突筋
中殿筋
小殿筋
キュッ
グーンと持ち上げて!!
半腱様筋
大腿二頭筋
半膜様筋
足底筋

さらに、脚の裏側の筋肉は腰から脚のつけ根にかけての筋肉（腸腰筋《ちょうようきん》、恥骨筋《ちこつきん》）、お腹の腹直筋《ふくちょくきん》、胸の小胸筋《しょうきょうきん》、胸鎖乳突筋《きょうさにゅうとつきん》とも連動して、上半身を上に引き上げてくれます。上半身が引き上げられれば、股関節にかかる負担は軽くなりますから、ズレも起こらず、まっすぐスラリと伸びた脚がキープできるのです。

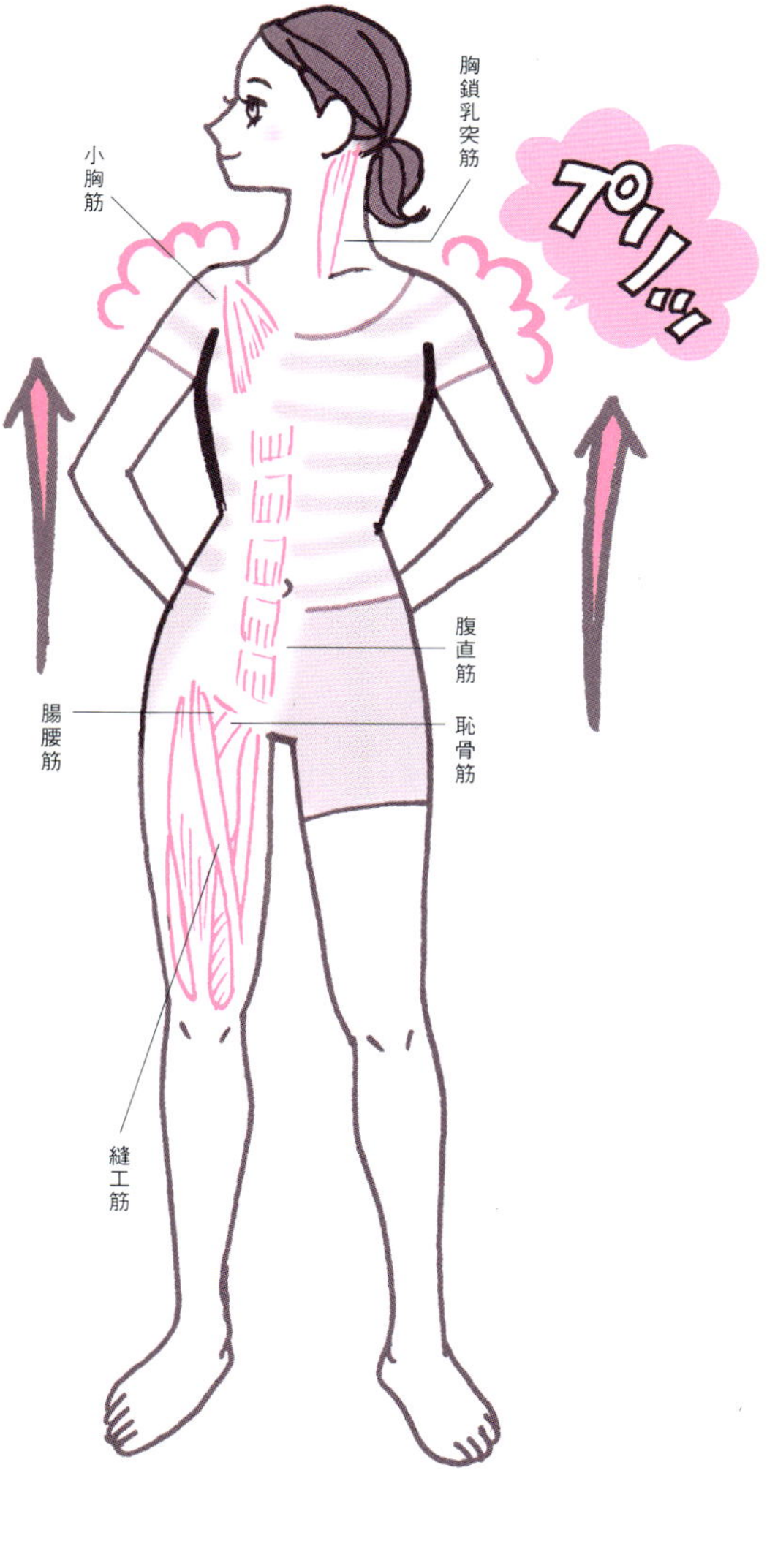

脚の冷え、むくみも脚のねじれが原因

脚が冷える、むくむという女性は少なくありません。じつはこれも関節と深くかかわっています。**冷えやむくみの原因は血液やリンパの流れ**にあります。血液の流れが悪くなれば冷えが起こりますし、リンパの流れが停滞《ていたい》すればむくみにつながるのです。**血液やリンパの流れを左右するのが関節**です。関節が正しい状態にあれば、流れはスムーズです。しかし、ズレたりゆがんだりすると、そのまわりの筋肉も、脚の筋肉もねじれ、流れがとどこおります。

ここで2枚のタオルを想像してみてください。1つは広がったタオル、もう1つは絞ってねじれたタオルです。2枚を水を張った、たらいに垂らすと、さあ、どうなるでしょうか。

広げたままのタオルはすぐに水を吸い上げますね。一方、ねじれたタオルのほうはなかなか水が上がってきません。筋肉も同じです。ねじれた筋肉は血液やリンパをうまく流すことができないのです。

関節をほぐし、整えて、柔軟に動くようにする。すると、筋肉のねじれも正され、その動きもよくなります。ねじれのないよく動く筋肉は、血液やリンパの流れを促進しますから、からだの隅々にまで血液、リンパが行き届き、冷えもむくみも改善されるのです。

関節にズレがなく、筋肉がまっすぐ伸びた脚は、冷え知らず、むくみ知らずです。

XO脚の人は、手が〝猿手〟です

脚が曲がっている人にはもう1つ特徴があります。ひじが曲がった〝猿手〟になっているというのがそれ。「えっ、脚と手は関係しているの?」。そう思われた人が多いかもしれません。説明しましょう。

股関節がゆがむと太ももが斜めになることはお話ししました。すると、ひざが曲がって前かがみの姿勢になります。前傾は肩にも、首にも波及しますから、自然に前肩、前首になります。そのことによって**肩関節にもゆがみが起こる**のです。

肩関節がゆがめば、肩が内側にまわり、ひじの関節もゆがんできます。そのため上腕骨《じょうわんこつ》も内側にまわってねじれた腕になり、猿手になるのです。

また、肩関節のゆがみは鎖骨や肩甲骨のゆがみにつながります。いかり肩、ねこ背になるのはそのため。肩や首の前傾もさらに進みます。細く長く伸びた首は女性の美しさの重要なポイントですが、それとは正反対の短い猪首《いくび》になってしまうのです。

脚の曲がりの根本原因である股関節のゆがみは、肩関節のゆがみにもつながっていて、上半身のトラブルにも直結しているということ、ここでしっかり頭に入れておいてくださいね。

足の33個の関節を動かして、足底を整える

脚をまっすぐきれいにするというと、太ももやふくらはぎなど足首から上ばかりをイメージするかもしれません。しかし、足首から下も大切な役割を担っています。

ところで、足の骨は何本あるか知っていますか？

28個もあるのです。**関節の数はそれを上まわって33個**あります。その関節が柔軟に動けば、ついている筋肉もしなやかに動き、美しい歩き方ができます。ところが、足はからだのいちばん下にある部分で、ドシンと重みを受けとめていますから、その**負**

荷によって関節がつまりやすいのです。

増田さん（32歳）もそんなタイプでした。足の関節がつまり、足首の関節が硬くなり、ひざ関節、股関節も正しい位置からズレ、そのためにO脚になっていました。

上半身も前傾していて、いかり肩でしたから、足首や足の甲に負担がかかり、歩き方も足音を立てるようなものになっていたのです。このような歩き方はひざ関節、股関節にも負担をかけ、痛みの原因ともなります。

もちろん、股関節を整えることが基本ですが、足の関節をほぐし、整えることも、O脚を直すうえでとても効果があります。

足関節がほぐれれば、足首もやわらかくなり、ひざ関節も正しい位置に戻しやすくなります。ひざ下の2本の骨（脛骨、腓骨）のズレもなくなります。同時に股関節を整えて斜めになっている大腿骨を正せば、必然的に脚は真っ直ぐになっていくのです。

足の骨と関節

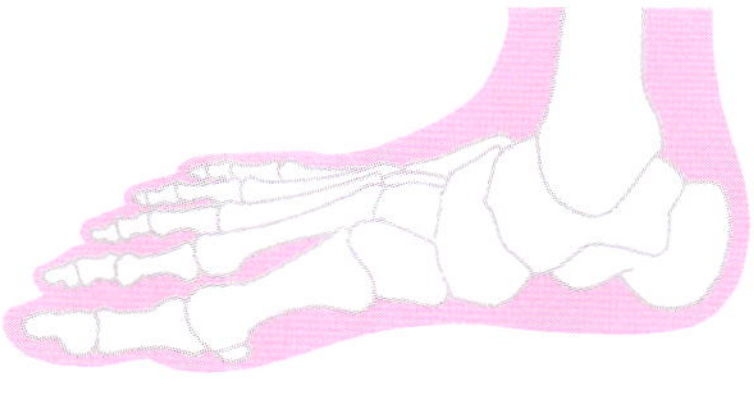

股関節をやわらかく
コロンコロン体操

脚のゆがみ直しへのアプローチは、まず股関節から。
硬さをほぐしてやわらかくして、左右対称に整えます。

1

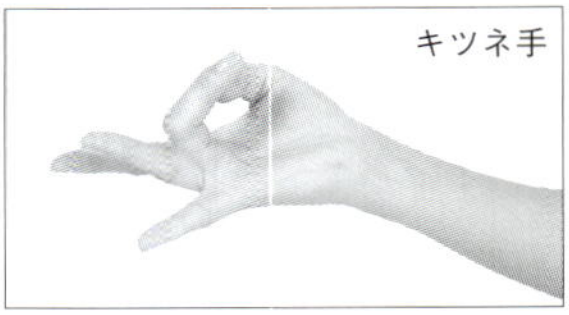
キツネ手

親指を中指の第一関節に軽くつけて丸い輪にし、他の指は力を入れずに広げる。これで腕から余分な力が抜ける。

両脚の足裏をあわせて座る。お腹は引っ込めて骨盤を立て、顔は正面に向ける。手はキツネ手にしてひざ上に。

左右にコロンコロンしたときに、力を抜いてからだをスタート体勢に戻すことを意識してください。骨盤を立てて一度止め次の傾きに移る。ひざの高さが高いほうの回数を多めにおこないましょう。

MEMO

2

倒す側のひじを曲げ、ひざに重心をかけるようにして、斜め45度前方にからだを倒す。ふくらはぎが床についたら、ひじを伸ばして体勢を戻す。

3

反対側も同様におこなう。2と3を交互に、コロンコロンとリズムよくおこなう。背中が曲がらないようにするのがポイント。

ひざの位置を整える

脚ゆがみ直し

ひざを正しい位置に移動させ脚のゆがみを整えながら、
足底を中心に抗重力筋をきたえるストレッチです。

1

あお向けに寝て脚は肩幅程度に開き、両ひざを立てる。足指はまっすぐ前を向くように。
どちらかを軸足と決め、その側の手をお腹の上に、反対側の手は背中の下へ入れる。

2

軸脚のひざ頭の内側に反対側のかかとをのせる。内側に入りがちなひざ頭を外に押し開くイメージ。

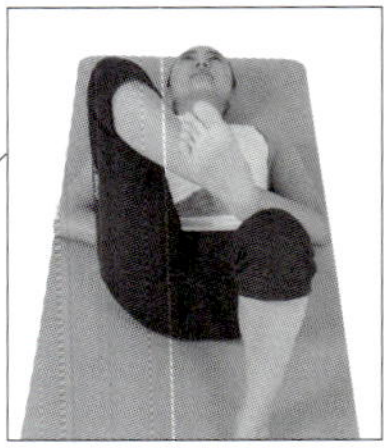

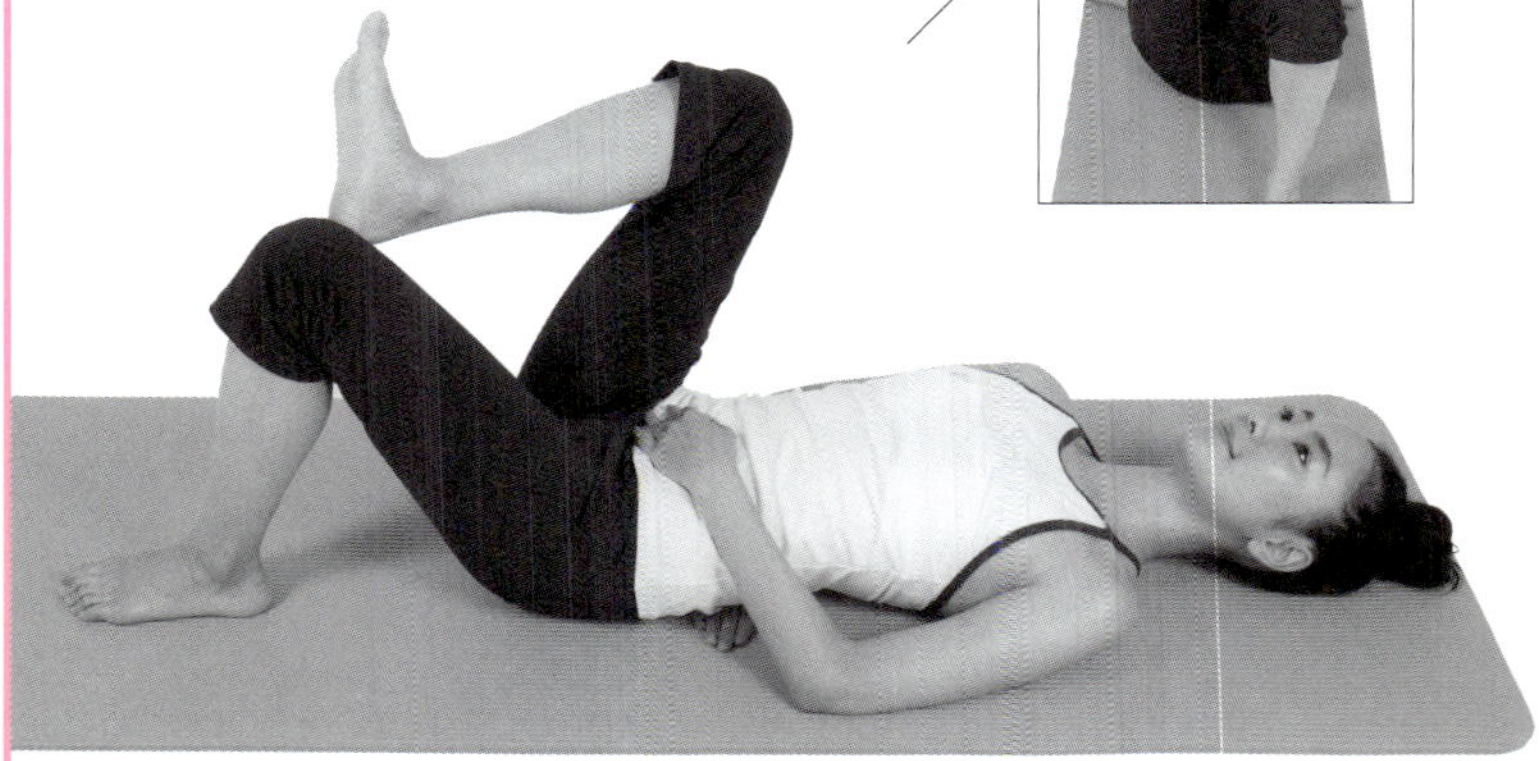

ひざを寄せると、股関節の動きが制約されます。そのゆがみを正して柔軟にしていくのがこのストレッチ。軸脚が左右にぶれないように、かかととひざ頭との“接点”を意識するのがポイントです。

MEMO

3

その位置で外から内にクルクルとまわす。右足は時計まわり、左足は反時計まわりにまわす。軸脚は足裏を床にしっかりとつけ、かかとで押されてズレないようにあくまでまっすぐ。反対側の脚も同様におこなう。

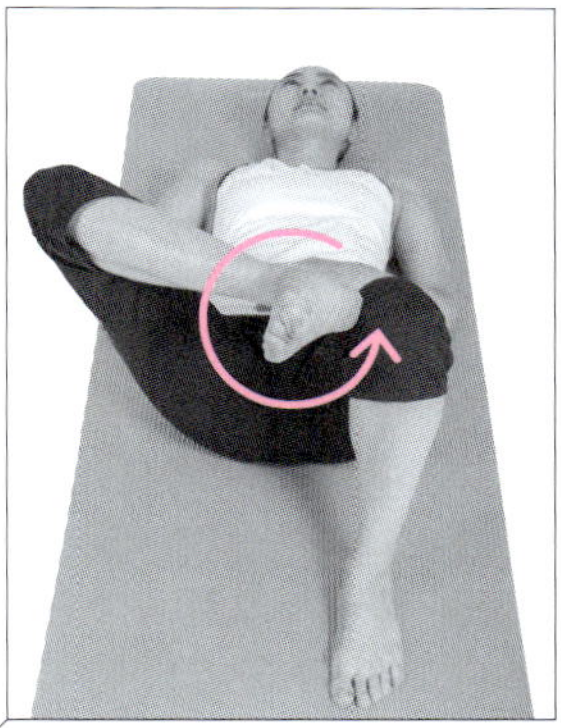

脚の内側の筋肉を伸ばす

内筋伸ばし

「脚のカタチ」を整えるのにとても重要な、脚の内側の筋肉を伸ばして、
脚のゆがみを整えていくストレッチです。O脚・XO脚に効果的。

1

両手はウエストラインに置き、肩幅に脚を開いて立つ。かかとに重心を置いて、中指と人差し指を正面に向け、足の外側ラインをまっすぐ平行に。少し内股ぎみがポイント。

O脚やXO脚で縮んだ、脚の内側の筋肉を、気づいたときにいつでも伸ばせるのが、このストレッチの特徴です。首を上に伸ばしておこなうのがポイントです。立ち姿勢でいるときにとりいれてみてください。

MEMO

2

軸脚を決め、反対の脚を真横に開いていく。床をズリズリと足底の内側を意識して床から接点を離さないように。軸脚はスライドしていく脚にあわせて少しずつ曲げる。左右3セット。

体験者の声

どんな洋服も着こなせるようになって、娘と洋服を共有することも。毎日が楽しいです

手島佳子さん（43歳）

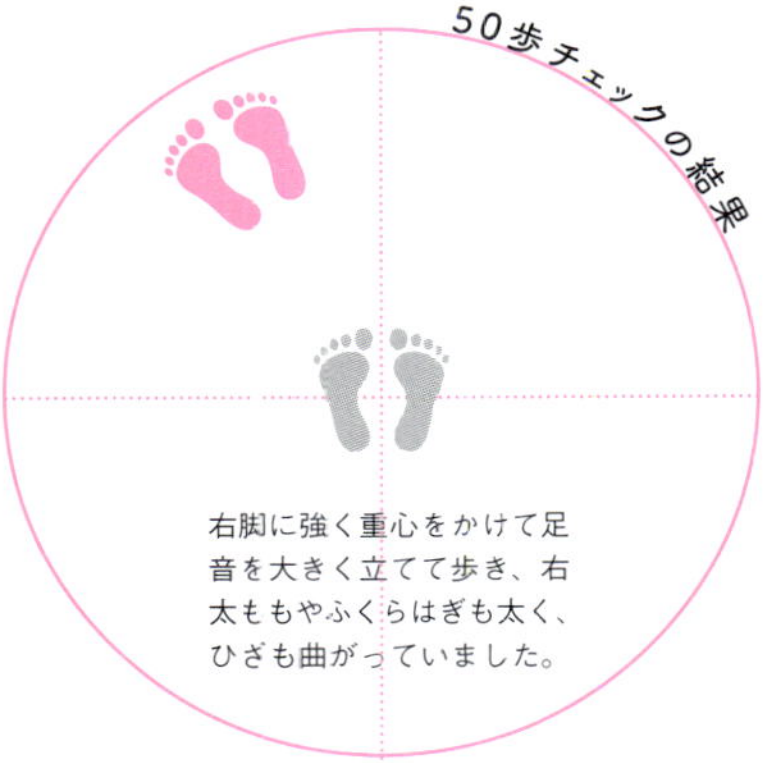
50歩チェックの結果
右脚に強く重心をかけて足音を大きく立てて歩き、右太ももやふくらはぎも太く、ひざも曲がっていました。

	AFTER	BEFORE
身長	155.8cm	154cm
体重	49.5kg	62kg
ウエスト	64cm	81cm
バスト	88cm	86.2cm
ヒップ	90cm	95cm
右太もも	49.5cm	55.4cm
左太もも	49.0cm	54.8cm

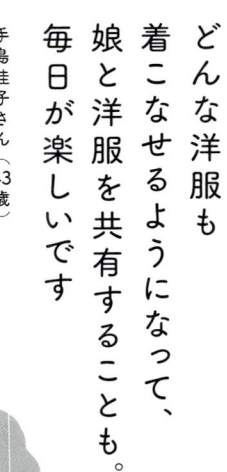

夫が亡くなり、娘との生活を維持するために専業主婦から仕事についたのですが、その会社が倒産。後の清算業務に追われる忙しさとストレスのなかで、お腹まわりも腰まわりも太ってしまいました。

いちばん気落ちしたのはクローゼットの洋服が、サイズは入るものの、似合わなくなってしまったことです。それまで頑張ってきたつもりだったので、何か自分にプレゼントをあげよう、と考えたのが南先生のサロンをお訪ねするきっかけでした。

目標はプロポーション全体をスリムにすることでした。自分でも気がついていたのですが、南先生からズバリ指摘されたのは、脚のゆがみでした。わたしの場合、XO脚とのことで、股関節のズレがもともとの原因といわれました。

それを整えるストレッチを実践していると、からだに力がついてくるのがわかるのです。XO脚も自分で変化が実感できるほど改善していきました。不思議だったのは脚のゆがみがなくなるにつれて、歩き方がそれまでとは変わっていったことです。

軽快に歩けるといったらいいのでしょうか。南先生からも、「歩く姿がきれいになりましたね」といっていただいたことで、脚にも、歩き方にも、自信をもつことができるようになったのです。

それまでは仕事の後、疲れを感じることが多かったのですが、それもなくなり、お腹まわりや腰まわりも、どんどんスリムになっていったのです。想像以上のサイズダウンに驚いています。

何にも増して感激だったのは、どんな洋服でも着こなせるようになったことです。もちろん、スリムになったこともその要因ですが、わたし自身は脚が変わったこと、そして、歩き方に自信が持てるようになったことが、いちばん大きいのではないかな、と思っています。

洋服からのぞく脚は着こなしの重要ポイントです。いまは19歳の娘と洋服を共有できるほど。さすがに〝若づくり〟し過ぎかなという気もしますが、おしゃれに年相応なんてない、と開き直っています。「違和感なんかないよ」が娘のコメントです。

まとめ

鏡の前に立つのがいやだったという手島さんですが、XO脚もすっかりまっすぐになって、ファッションを楽しんでいる様子。わたしもうれしいかぎりです。

体験者の声

脚がまっすぐになったら、肩こりもなくなりやる気も出てきました！肌までしっとりさらさらになるとは驚きです！

美輪広子さん（28歳）

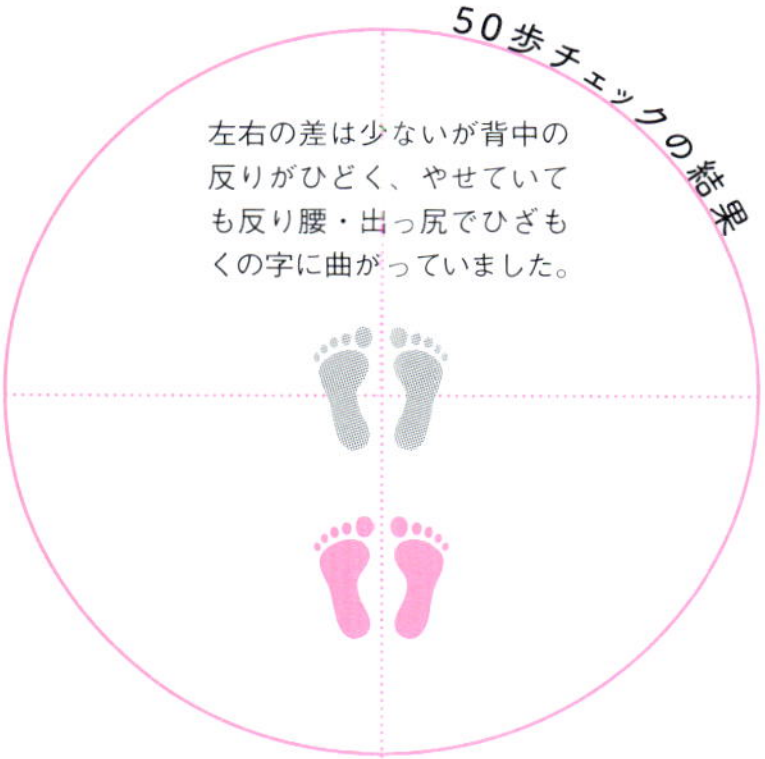
50歩チェックの結果
左右の差は少ないが背中の反りがひどく、やせていても反り腰・出っ尻でひざもくの字に曲がっていました。

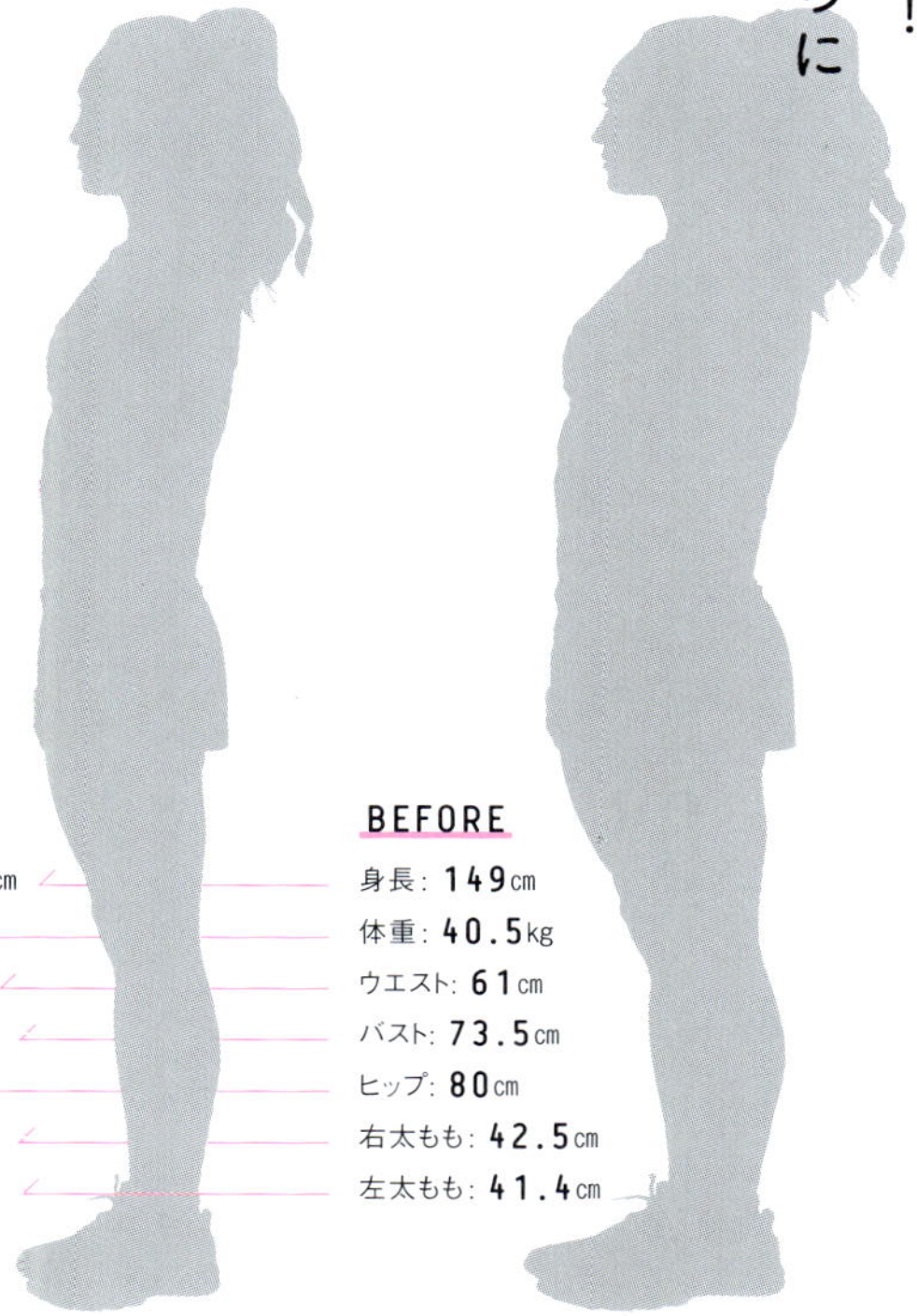

AFTER

身長：151.2cm
体重：41kg
ウエスト：58cm
バスト：75.8cm
ヒップ：83cm
右太もも：42cm
左太もも：41cm

BEFORE

身長：149cm
体重：40.5kg
ウエスト：61cm
バスト：73.5cm
ヒップ：80cm
右太もも：42.5cm
左太もも：41.4cm

背中のこり、肩のこりがひどくて、からだはいつも重かったのです。そのせいか、気持ちが後ろ向きで、やる気も湧いてこない日々を過ごしていました。

なんとかその状態から脱したい！　そう思っていましたが、具体的にどんなところへ行けばいいのかわかりません。そんな折、南先生の本を本屋で見つけて、「これだ！」と即座に決断しました。

じつは、わたしはO脚を直したいとも思っていたのです。「O脚直しも含めて、先生にいろいろ相談してみよう。解決策が見つかるかもしれない」と考えて、サロンを訪ねました。

南先生にお会いしたその瞬間、先生の第一声は「あら、顔色が悪いわね」というものでした。なんだか、すでに見抜かれているなって感じたのを覚えています。

わたしはかなり小柄です。身長は150センチに満たず、体重も40キロ程度。南先生はいってくれました。

「やせているので、上半身の重みが下半身におよぼす影響は少ないですから、O脚は矯正しやすいですよ」

股関節のゆがみを整えるのがいちばんの早道ということでしたので、先生の助言どおり、さっそくストレッチにとりくみました。毎日、少しでも時間があるとストレッチをしました。すると、背中や肩に感じていたこりがラクになり、からだがどんどん爽快感を感じるようになったのです。

しかも、O脚が直ったせいでしょうか、なんと身長が2センチも伸びたのです。なんだか信じられない思いです。

いままでは、O脚が恥ずかしくて、ミニスカートはファッションアイテムからはずしていたのですが、これからは履けます！

まとめ

サロンにいらしたときの美輪さんは、20代という若さにもかかわらず、とても疲れているように見えました。でも、日を追うごとに表情が明るくなっていきました。

三輪さんは細身の方なので、股関節に広がりは少なく、脚の関節のズレを直して、つまりをとるというポイントで指導しました。小柄ながらも、さっそうと美しく歩く姿は忘れられません。

体験者の声

XO脚が直ったら、持病の座骨神経痛が改善。顔の左右のバランスが整ってきました！ふさぎこんでいた以前の生活がウソのようです！

増田綾子さん（32歳）

50歩チェックの結果

右脚が強く、骨盤を構成する腸骨も太ももも右が左に比べかなり前に出て、脚が硬く太くゆがんでいました。

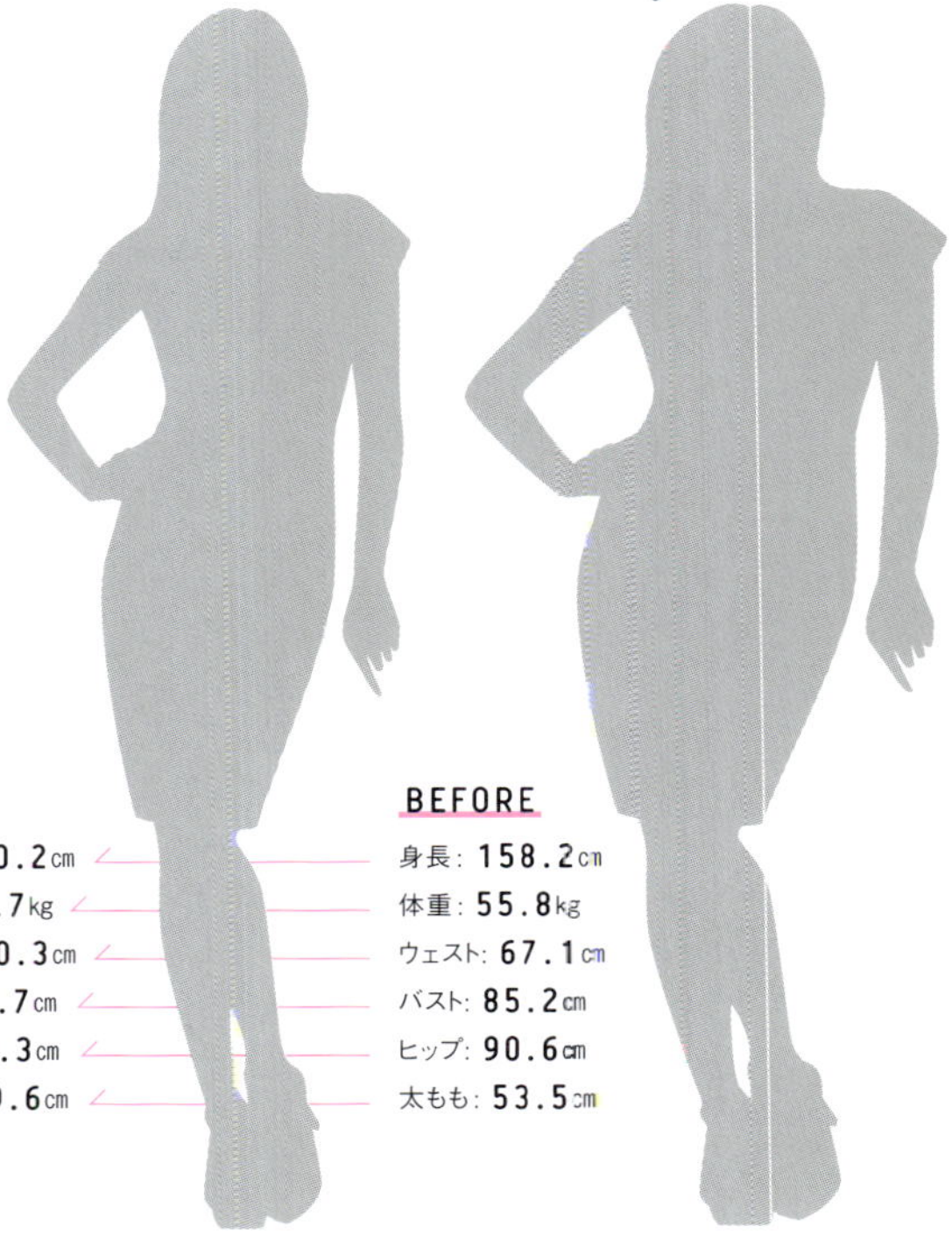

AFTER		BEFORE	
身長：	160.2cm	身長：	158.2cm
体重：	48.7kg	体重：	55.8kg
ウエスト：	60.3cm	ウエスト：	67.1cm
バスト：	87.7cm	バスト：	85.2cm
ヒップ：	89.3cm	ヒップ：	90.6cm
太もも：	49.6cm	太もも：	53.5cm

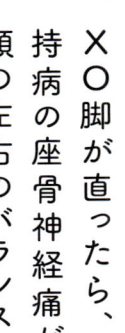

わたしが南先生のサロンのことを雑誌で知ったのは、かなり落ち込んでいるときでした。結婚後間もなく、主人の転勤が決まり、それまで暮らしていた環境とはまったく違う生活が始まったころでした。

ちょっとナイーブ過ぎるかなとは思うのですが、なかなか新しい環境に馴じめない毎日をすごしていました。

「主人のために、もっといろいろやってあげたい、支えていきたい」

その思いは強くあるのに、そもそも持っていた座骨神経痛が悪化していったのです。そのため、からだも性格も自信がもてない毎日を過ごしていました。そこで出会ったのが南先生でした。

「大変でしたね。からだの不調はこころに影響し、こころの沈みはからだに大きな影響を与えるのですよ。でも、もう大丈夫。一緒に頑張りましょう」

先生からはさまざまな指摘を受けました。ニキビができる年齢ではないわたしの頬にはブツブツがでていました。そのことに先生は「内臓が弱っているのね」と指摘。「顔の左右バランスが悪いですね。それはからだ全体のバランスのくずれをあらわしているのよ」と、これまたいろんな意味で、わたしには考えもおよばない、不思議な

〝指摘〟でした。

指摘はさらにつづきました。

「自分がXO脚だって意識したことはない？」

姿見の鏡に立つことはありました。そのさい、脚の間から、後ろ側の背景が見えます。「少しくらいは、当たり前」と、そんな感じであまり気にしてはいませんでしたが、南先生は、脚のゆがみを指摘されました。

そのゆがみを正すストレッチをたくさん教えていただき、いまわたしは、不調もなくとっても健やかです。一時期は離婚も考えていたのがウソのようです。

まとめ

まず「変われる！」と思うことが大切です。だから、からだ全体を視診してから、まず1回で効果が出るパーツから指導します。増田さんも1回で効果を感じ、続けてくれました。脚のゆがみが直ったのも、その成果です。

CASE 5

顎《あご》の長い男顔、どうにかしたい！

東田麻衣子さん（35歳）

東田さん 35歳
小顔になりたい!!
顎の長い男顔どうにかしたいんです!
今は小顔が美しさの条件だものね
うーん ねこ背が気になるわね
ねこ背だと顔が大きくなるのよ
え? 何の関係が?
前傾した首で頭を支えてると
重みで頭の骨が前側にズレて顎が下がって出てくるの
これが顔が大きくなる原因
スマホやPCの見すぎに注意!!

そして
小顔になる
決め手は肩甲骨
肩甲骨!?
背中!?
ねこ背を直して
肩甲骨が下がると
前かがみになってた
首がまっすぐになり
だら〜〜ん
しゃきっ!!
下顎も引っ込んで
小顔になるのよ
肩甲骨を下げるには
肩関節をほぐして
上半身の筋肉を
やわらかくするの
関節ほぐしは
下から上へ
キュ
キュッ
そのためには
ストレッチで
股関節から整えて
いくのがポイント
キュッと
引き締まった
小顔になるわよ!
キャー

ねこ背だと顔が大きくなる

いまは男女を問わず、「小顔」がビューティーポイントになっています。大きい顔はそれだけで、美にとってはかなりのディスアドバンテージといえるかもしれません。

意外に思われるかもしれませんが、**顔の大きさと深くかかわっているのが姿勢**です。バランスのいい小顔の女性は例外なく、美しい姿勢をしています。からだの中心軸にブレがなく、両足の裏にきちんと重心がかかっている。それが美しい姿勢ですが、この姿勢なら骨格にも筋肉にも余計な負担がかからないのです。

それが崩れるとさまざまなことが起こり、顔の大きさにも影響が出てきます。ねこ背は悪い姿勢の典型といっていいと思いますが、東田さんがその体形でした。身長172センチという長身の女性です。

背骨がつまり、前のめりになっていて、いかり肩、首の骨も前に傾いていました。首の骨は重い頭を支えています。**前傾した首で頭を支えていると、重みで頭の骨が前にズレ、顎が下がって出てくる**のです。これが顔が大きくなる原因。東田さんも下の顎骨が出ていました。

顔が大きくなるしくみ

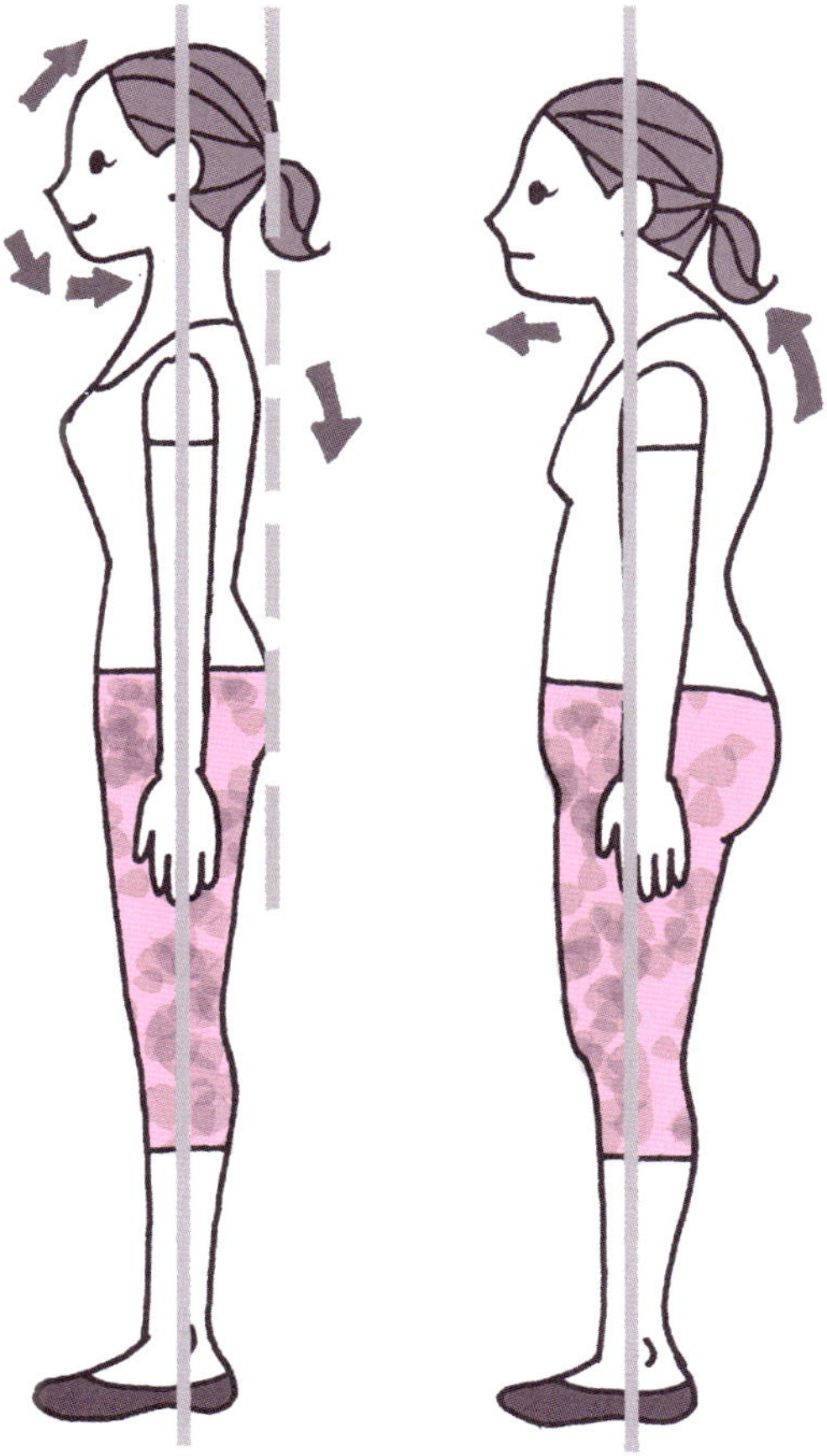

「顎はとても気になります。男顔だといわれるのでなんとかしたいのですが……」

そうおっしゃる東田さん。ねこ背のいちばんの問題点は肩甲骨が上がるということです。専門的になりすぎるので、詳しい説明は省きますが、肩甲骨と顔の大きさはダイレクトに関係しています。

肩甲骨を下げることで、前かがみになっていた首がまっすぐになり、下顎も引っ込んで、顔は小さくなるのです。もっとも、長い間ねこ背の姿勢でいると、肩関節や肩甲骨の周囲の筋肉、また、背骨を伸ばす脊柱起立筋（47ページ参照）という筋肉が硬くなっていますから、そう簡単に肩甲骨を下げることはできません。

肩関節をほぐし、上半身の筋肉をゆるめて、しなやかに動くようにすることが必要です。そのためのポイントが、股関節です。股関節から下半身の関節を整え、筋肉が正しくはたらくようになることで、上半身を整えやすくなるのです。

顔が長い人は胴体も長い

長い顔も「どうにかしたい！」顔の悩みのトップランクでしょう。顔が長くなる要因はふだんの生活習慣、ふるまい方にもあります。いまは電車の車内では8割、9割りの人がスマートフォンに見入っています。

その姿勢を見ると、みなさんうつむき加減になっています。肩が上がり、肩甲骨が上がっています。**頭の重みをその姿勢で長い時間支えていると、顎が下がりやすく、オトガイ筋の発達した長い顎、長い顔になっていく**のです。

仕事でもパソコンを使うことが多いと思いますが、パソコンを操作しているときも、首が前に傾いた姿勢になっているのではありませんか。それも顔をたるませ、長くする要因の1つだと思います。

これは仕事の種類やクセにかかわることかもしれませんが、顎を前に出して、顔を上げたり、下げたりすることが多い人がいます。たとえば、会話中に「うん、うん、うん」と顔を上下に動かすのがクセになっている人。

筋肉は動かせば発達します。この場合は顎の上げ下げにかかわっているオトガイ筋が発達するのです。そのことも顔の長さ、顎の長さにつながっているのではないか、と思います。

けれども、習慣により顔が長くなったのなら、ストレッチの習慣でもとに戻すことは可能なのです。わたしは、長年、多くの方を見てきましたが、いちばん驚いたことは、ボディラインが変われば顔型が変わるということです。

たとえば、**顔の長さはプロポーションとも連動している**のですが、顔の長い人はほとんどの場合、肩が上がり、お尻が下がって、胴体も長いのです。これは骨格がそうなっているのではなく、からだが本来その人が持っている形と長さになっていないからなのです。

ところが、ストレッチなどでボディを調整し、からだが本来の形と長さをとり戻せば、からだ全体のバランスが正され、胴体は短くなり、顔の長さも改善します。

もちろん、日常の生活習慣、ふるまい方のクセを見直し、あらためるべきところはあらためていく。そのことも〝小顔への道〟の着実な一歩だと思います。

顔パンパンの原因は、首・肩・背中にあった

はち切れんばかりにパンパンにむくんで、大きくなった顔が悩みだという女性も多いのではありませんか。これも姿勢の悪さが原因です。首が前に傾いた前首がそれ。

郵便はがき

料金受取人払郵便

芝局承認

5662

差出有効期間
平成32年3月
31日まで

106-8790

036

東京都港区六本木2-4-5
SBクリエイティブ(株)
学芸書籍編集部 行

自宅住所 □□□-□□□□	自宅TEL ( )	
フリガナ		性別 男 ・ 女
氏	名	生年月日 年 月 日
e-mail @		
会社・学校名		
職業 □ 会社員(業種) □ 自営業(業種) □ 公務員(業種) □ 学生 ( )	□ 主婦 □ パート・アルバイト □ その他 ( )	
SBクリエイティブ学芸書籍編集部の新刊、関連する商品やセミナー・イベント情報のメルマガを希望されますか?	はい ・ いいえ	

■個人情報について
上記でメルマガ配信に合意いただきました個人情報はメールマガジンの他、DM等による、弊社の刊行物・関連商品・セミナー・イベント等のご案内、アンケート収集等のために使用します。弊社の個人情報の取り扱いについては弊社HPのプライバシーポリシーをご覧ください。詳細はWeb上の利用規約にてご確認ください
◆ https://www.aqut.net/gm/kiyaku.inc

愛読者アンケート

この本のタイトル(ご記入ください)

■お買い上げ書店名

■本書をお買い上げの動機はなんですか?

1. 書店でタイトルにひかれたから
2. 書店で目立っていたから
3. 著者のファンだから
4. 新聞・雑誌・Webで紹介されていたから(誌名　　　　　　　　　　)
5. 人から薦められたから
6. その他(　　　　　　　　　　　　　　　　　　　　　　　　　　　)

■内容についての感想・ご意見をお聞かせください

■最近読んでよかった本・雑誌・記事などを教えてください

■「こんな本があれば絶対に買う」という著者・テーマ・内容を教えてください

アンケートにご協力ありがとうございました

ご記入いただいた個人情報は、アンケート集計や今後の刊行の参考とさせていただきます。また、いただきましたコメント部分に関しましては、お住まいの都道府県、年齢、性別、ご職業の項目とともに、新聞広告やWebサイト上などで使わせていただく場合がありますので、ご了承ください。

首が前のめりになっていると、それを支えるために首、肩まわり、二の腕、背中の筋肉が〝過重労働〟を強いられることになります。その負担から筋肉は硬くなってしまうのです。硬い筋肉は血液やリンパの流れを悪くします。

背中から肩、首にかけては僧帽筋《そうぼうきん》という大きな筋肉が広がっています。この僧帽筋が硬くなると、血液もリンパも流れがとどこおりやすくなります。**頭や顔に血液やリンパがスムーズに流れなくなれば、顔はパンパンに**むくんできます。

このケースは対処法が明らかです。前傾している首を立て、頭から首、背骨につながっているラインを整える。深くなっているS字カーブを正しいものにするのです。

S字カーブが正されれば、筋肉の負担も軽減されて、しなやかさをとり戻し、首、背骨、顔、頭の周辺の縦筋がうまくはたらくようになります。血液やリンパの流れもよくなり、顔のむくみも解消していくのです。

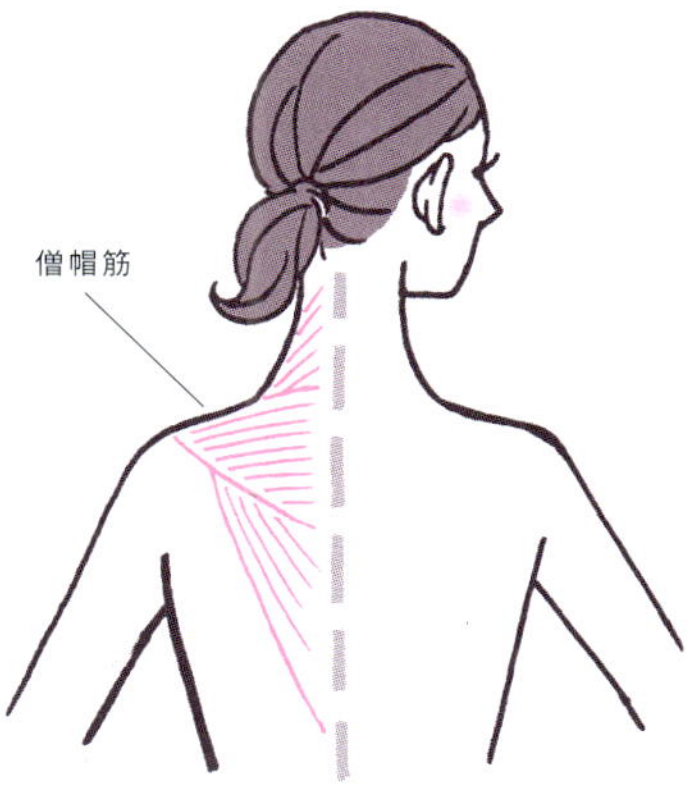

エラが張っている人はからだが四角い

顔のかたちとプロポーションが連動しているケースがもう1つあります。**エラの張った四角い顔の人は、体形も四角い人が多い**のです。

姿勢は前かがみでいかり肩。背骨のS字カーブは深くなり、背中が広め長め、腰も幅広めというのが、いわゆる四角い体形です。

前かがみで首が前傾していますから、顔は前に出てきます。それにともなって下顎の骨も前に出てくるのです。さらにオトガイ筋も発達して、いっそう顎が出ているように見えますから、エラが張っている印象が強くなるのです。

管理栄養士をされている松本さん（40歳）がこのタイプでした。解消のためのアプローチとしては、四角い体形になっている原因である骨格のズレ（首の前傾、深いS字カーブなど）を改善し、筋肉が正しくはたらくようにする。まずそのことが大切です。

ボディが変われば顔の変化もついてくるのです。首がまっすぐ伸び、いかり肩がなくなった松本さんは、エラがとれてスッキリした顔に変わりました。

肩甲骨を下げれば、顎が引かれる

小顔になる決め手は肩甲骨にあります。結論を先にいえば、**上がっている肩甲骨を下げれば、前に出ている顎が後ろに引かれ、顔は確実に小さくなる**のです。顔の大きさと肩甲骨はどのように関連しているのか。それを説明しましょう。

小顔になるポイントは下顎が後ろに引かれることです。そのために必要なのは、首のまわりの筋肉がしっかり縦に伸びることです。すると、首の関節のつまりがなくなり、その部分の筋肉がよく動くようになります。

これで首は縦にスーッと長く持ち上げられるのです。首が縦に伸びると、胸が上がり肩甲骨が下がります。また、肩甲骨と下顎の位置を決める筋肉は、肩甲舌骨筋《けんこうぜっこつきん》で連動していますから、肩甲骨が下がれば、顎まわりの筋肉がはたらき、顎骨が後ろに引かれて、顔が小さくなるというわけです。

肩甲骨と顎が関係があるなんて、驚きですよね。これも人体の不思議です。

“抗重力筋”でキュッとした小顔に導く

小顔にはもちろん、首や頭の筋肉も関係しています。首まわりにあるのが脊椎起立筋。これは背骨から首の後ろを通って、頭がい骨にまでつながっている、縦に伸びる筋肉（抗重力筋）です。

この筋肉がしっかり伸びると、首の骨（頸椎）のつまりがとれ、首が真っ直ぐに持ち上げられます。

首が前に傾いているときは、頭も顔も前に垂れた状態になっていますが、**首が持ち上げられることで、顔も頭も正しい位置に整い、重みが顔側と後頭部側にバランスよく分散**されます。そのため、顔がキュッと締まって小さくなるのです。

同時に後頭部が出て頭のかたちがよくなります。頭のかたちが変わるというと不思議に思われるかもしれませんが、頭がい骨は28個の骨が組み合わさって構成されていますから、周辺の筋肉が動けば、骨もズレるのです。つまり、かたちが変わるわけです。

胸鎖乳突筋という抗重力筋も小顔に大きくかかわっています。これは胸骨と鎖骨か

顔のかたちが変わるしくみ

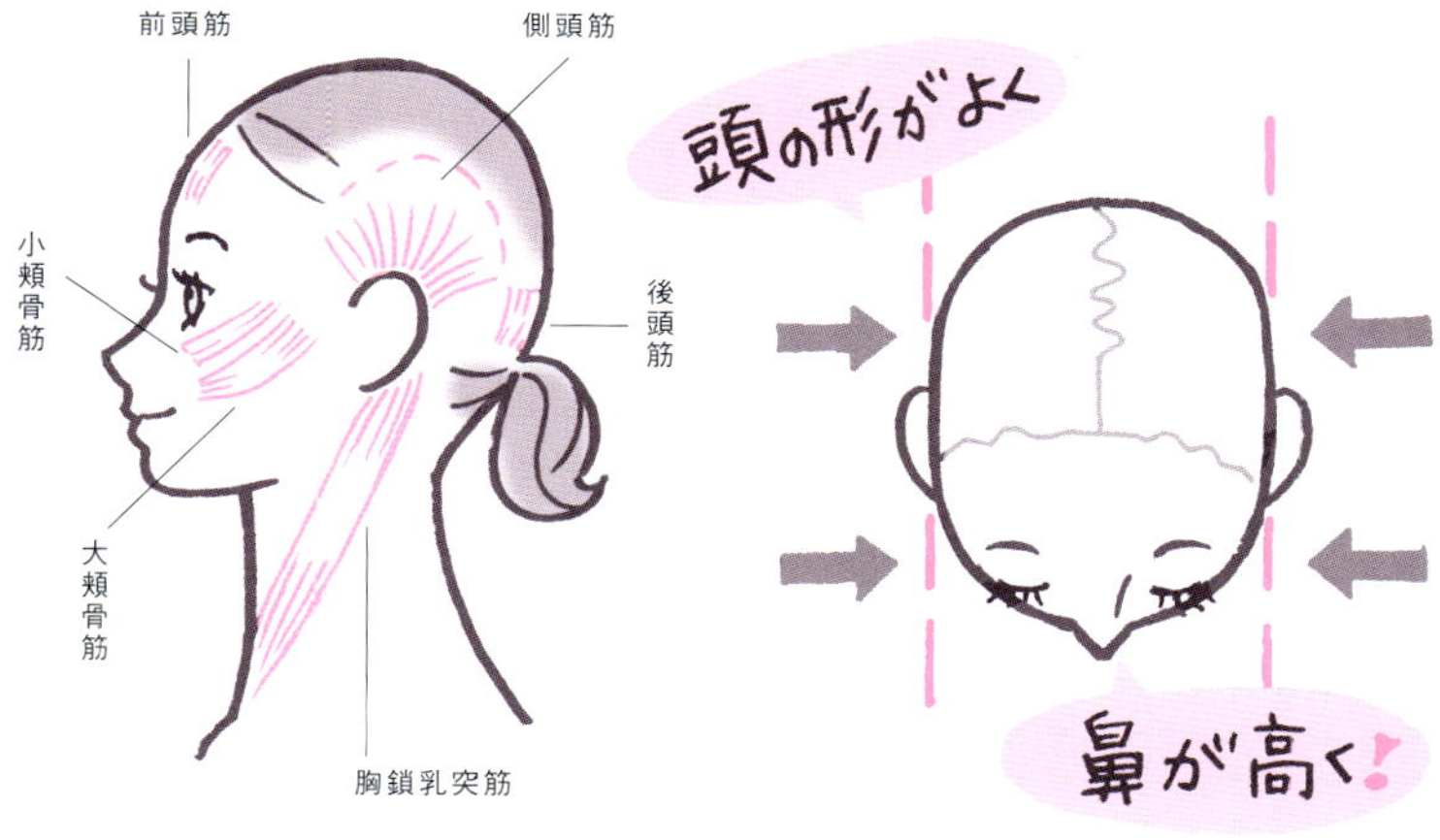
前頭筋
側頭筋
小頬骨筋
後頭筋
大頬骨筋
胸鎖乳突筋
頭の形がよく
鼻が高く!

ら側頭骨《そくとうこつ》、後頭骨《こうとうこつ》に走る筋肉ですが、この筋肉が縦に伸びることで、後頭部が後ろに引かれ、かたちのいい後頭部づくりを手助けします。

また、首が立つことで、頭の側面にあるイチョウの葉のようなかたちをした側頭筋が、充分にはたらけるようになります。その結果、横に広がっていた頭蓋骨は後ろにズレて、縦長で立体的なかたちに変わるのです。

そして、側頭筋のはたらきによって、前頭筋や鼻根筋《びこんきん》といった顔の前面の抗重力筋も連動し、かたちのいいおでこ、高い鼻を実現させていきます。

さらに、抗重力筋の連鎖は続き、頬

にある小頬骨筋《しょうきょうこつきん》、大頬骨筋《だいきょうこつきん》が頬を後方に引っ張って引き締めるはたらきをしますから、キュッとした小顔ができあがるというわけです。

首がしっかりと持ち上げられるだけで、こんなにいいことがいっぱいついてくるのです。首を持ち上げるとは、背骨のS字カーブを正すこと。背骨を整えるには、まず股関節から。

小顔のために股関節。ダマされたと思ってまずはトライしてみてください。

首のシワは、背骨づまりが原因です

小顔というテーマからは少し離れますが、年齢を経ると気になってくるのがシワ、とくに首のシワではないでしょうか。中山さん（60歳）も首のたるみ、シワをとても気にされていました。

シワの原因はねこ背で背骨がつまっていることにあります。ねこ背の人はS字カーブが深くなり、前のめりになっていますから、頭を支えている首の骨の負担が大きくなります。

そのため、首の骨から背骨全体がつまってくるのです。**つまるということは本来の背骨の長さより短くなるわけですから、その分、皮膚がゆるんで、ルーズソックスのようにたるみ、シワになる**のです。

ですから、首の骨、背骨のつまりをとって、骨と骨の間を正しく空けることでシワはとれます。そのためにも股関節から正すことが大切です。

股関節を正しい位置に戻し、骨盤を引き締めて立たせ、背骨が正しいS字カーブになるようにする。すると、首の骨も立つようになり、首の椎骨の間が空いてくるのです。

骨と骨の間隔が適正なものになれば、首が長くなり、皮膚が余ることもなくなりますから、シワは伸びてきれいな首筋になるのです。

肩関節をやわらかく

肩関節ストレッチ

ねこ背の要因をつくり出している肩甲骨の位置を"下"に動かして、
首から頭、背中の抗重力筋にアプローチするストレッチです。

1

脚は肩幅より少し広めに開き、両足の指をクイッと上げてかかと重心にして、壁際から少し離れた位置に立つ。

2

壁側の手を下から上へと、耳を擦るように上げていく。反対の手は下腹に。手を頭上まであげたら引っくり返して、壁側に手のひらが向くようにする。ひじは曲がらないことがポイント。

このストレッチのポイントは、からだの軸がぶれないこと。ひじを曲げない、壁から離れないこと。何回かくり返していくと肩甲骨まわりが動きはじめることを実感できるでしょう。

MEMO

3

頭上にあげた手を、壁に手が当たらないようにして後ろへまわし、下ろしていく。肩をすくめないように、首が縮こまらないように、足底から首を伸ばす意識でまわす。

4

手をまわし終わったら、下におりた手のひらを引っくり返して、スタート時点の体側に戻す。この動作を片手5回、からだの向きを替えて反対の手で5回。馴れてきたら、壁との距離を少しずつ縮めておこなう。

首を長くまっすぐに

首まわしストレッチ

首の抗重力筋を鍛えるストレッチです。衰えた筋肉を鍛えることで
椎関節のつまりは広がり、首は上へと伸びて長くなり小顔につながっていきます。

1

両手はウエストラインに置き、肩幅より少し広く脚を開いて、足の外側ラインを平行にして立つ。足の指を上げてかかと重心にしたら、骨盤を立てて正面を向く。

MEMO

ゆっくりと首を後ろにまわしてください。このストレッチはからだの軸がぶれないことが重要。骨盤を正面に向けることを意識して、首の可動範囲を“少しずつ”広げていきましょう。

2

目線を左に水平移動させながら、骨盤はあくまで正面に向けて、首をできるだけ真後ろまでまわしていく。

3

まわしきったら反動で顔が正面に自然と戻る。顔が戻ったら足底から全身の筋肉を縦に伸ばし、右側にも同様に。左右交互に５セット。

体験者の声

小さな顎、華奢な背中…“女性らしいからだ”をどんどんゲット。もう、男顔なんていわせません

東田麻衣子さん（35歳）

50歩チェックの結果
左太ももが太く、左脚から踏み出すクセがあり、力を入れて歩くタイプ。ふくらはぎが外側に出ていました。

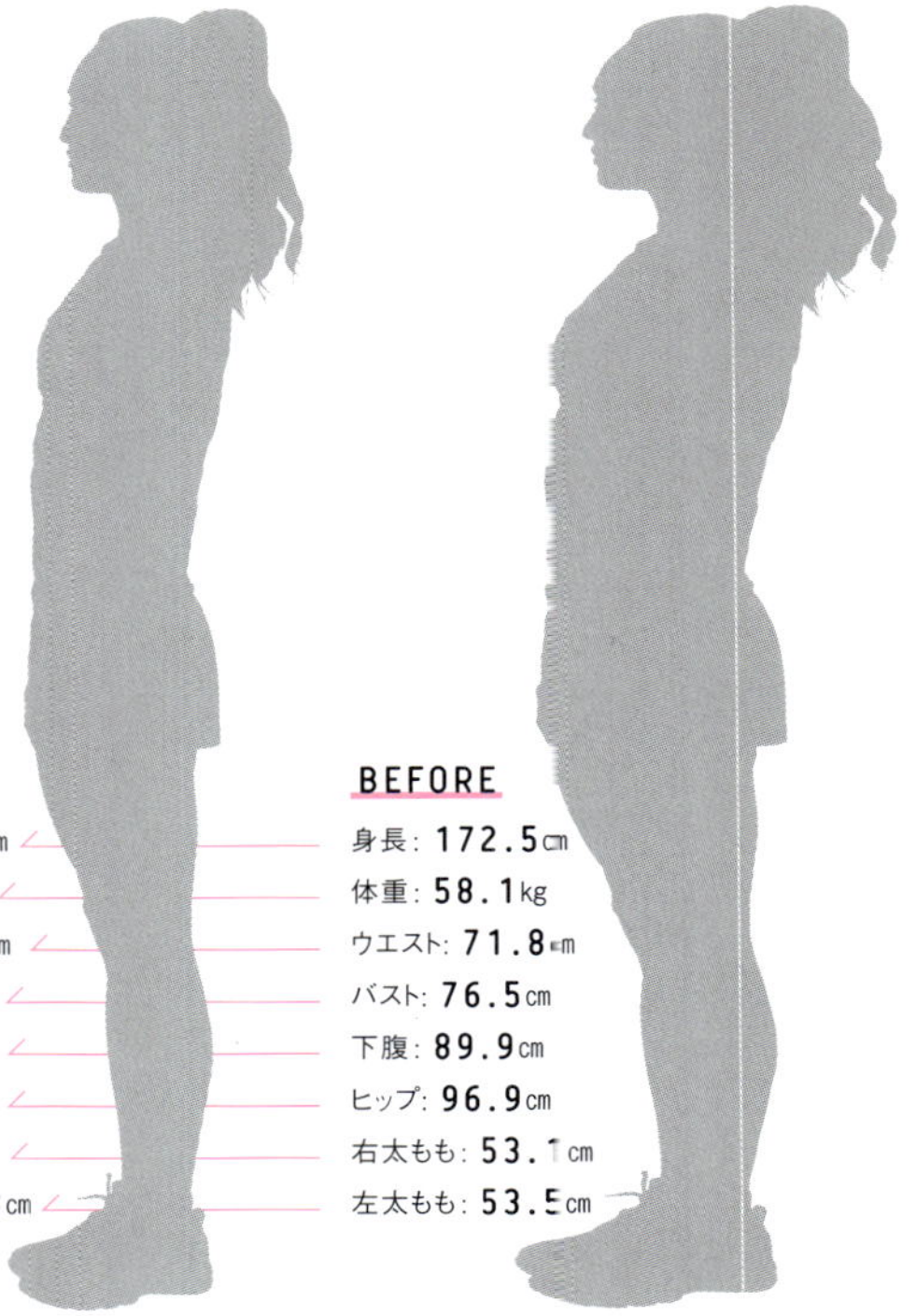

AFTER

身長：173.1cm
体重：53.8kg
ウエスト：62.9cm
バスト：83.3cm
下腹：81.1cm
ヒップ：90.5cm
右太もも：51cm
左太もも：51.8cm

BEFORE

身長：172.5cm
体重：58.1kg
ウエスト：71.8cm
バスト：76.5cm
下腹：89.9cm
ヒップ：96.9cm
右太もも：53.1cm
左太もも：53.5cm

南先生のサロンにうかがったのは、鏡で自分の体形を見て愕然《がくぜん》としたからです。からだの線が崩れ、余計な肉もついて、後ろ姿が母そっくりだったのです。「このままじゃまずい！」。切実にそう感じて、美容関係のパンフレットをいくつか集めました。

そのなかで南先生の方法を選んだのは、骨を本来の位置に戻すことで、体形を変えていくという理論が、スッと腑《ふ》に落ちたからです。

ストレッチを始めて3週間くらいたったときでした。通勤途中に会社の人に、「後ろから見て誰だかわからなかった」と声をかけられたのです。それほど体形が変化していたのです。

ダイエットをしているわけではないのに、ウエストが8センチも細くなり、もっている洋服がどれもブカブカになりました。角張った感じだった肩や腰まわりも、触ってみると、しなやかな女性らしいラインに変わったのです。

とくにうれしかったのが、顔のラインの変化です。下顎が出ていて「男顔だね」といわれることがあり、けっこう傷ついてもいたのですが、顎が引っ込み、女性らしいやさしいラインになって、顔全体もはっきりわかるほど小さくなったのです。

正直にいって、最初は顔が小さくなるなんて信じられませんでしたし、期待もしていなかったのです。それだけに、うれしさも2倍、3倍でした。
はじめてお会いしたとき、南先生が「宝塚の男役が似合いそう」とおっしゃったくらいですから、誰が見ても男っぽい体形だったのだと思います。それがいまはいろんな部分が女性らしく変わって、胸いっぱいの幸せを感じています。

まとめ

体形も、顔のラインも、見事に変化したのは東田さんかもしれません。身長が高い方ですから、からだのゆがみもダイナミックに感じてしまいます。女性らしいからだのラインを獲得すれば、「モデルさん？」なんていわれそうな方なのに……と最初にお会いしたときに思った記憶があります。

からだは骨も筋肉もつながっていて、連動して動いていますから、股関節が整い、背骨が立っていけば、顔につながる筋肉も自然と整っていきます。その結果、後方に引っ張られるようにして、顔が小さくなるのです。東田さんも顔が細くなり、顎先が小さくなり、流行の顔型に変わりました。

CASE 6

下半身は太いのに、胸がないのに悩んでいます…

岡島奈々さん（40歳）

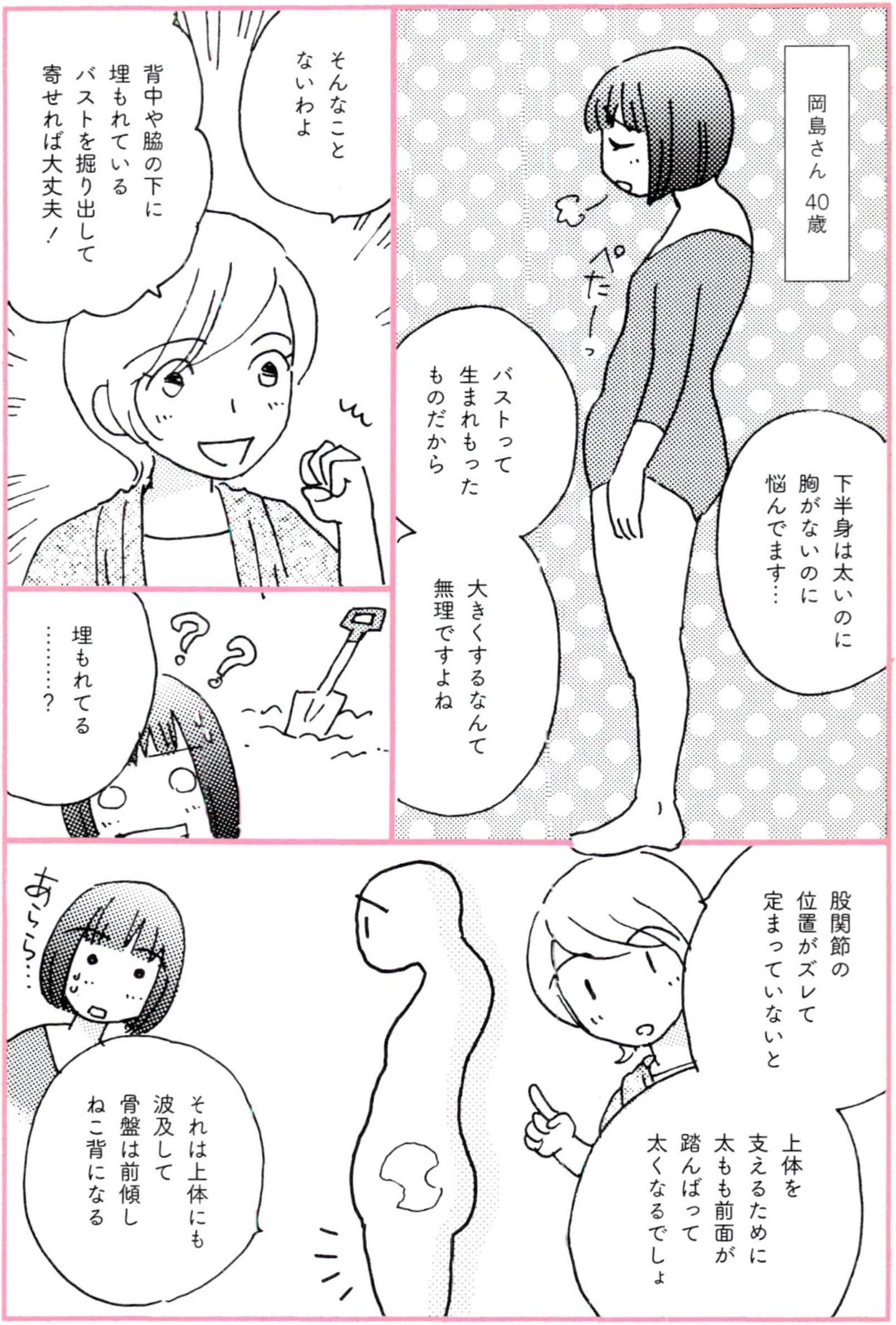

岡島さん 40歳
ぺた〜っ
下半身は太いのに胸がないのに悩んでます…
バストって生まれもったものだから
大きくするなんて無理ですよね
そんなことないわよ
背中や脇の下に埋もれているバストを掘り出して寄せれば大丈夫！
埋もれてる……？
股関節の位置がズレて定まっていないと
上体を支えるために太もも前面が踏んばって太くなるでしょ
それは上体にも波及して骨盤は前傾しねこ背になる
あらら…

そうすると
お腹がせり出して
肋骨も下がって
前に出て
バストが
本来の位置を
失ってしまうのよ
私の体で
そんなことが
起こっていたなんて
……
貧乳は
生まれつきじゃ
なかったのね
……！
股関節を整えて
骨盤を立てると
丸まっていた
背骨が立ち
肋骨は
後ろに引けて
上がるから
自然と
バストも上がって
前に出てくるの！
骨盤が立つと
バストも上に
お宝は
体の中に
あったのね！
私もがんばって
埋もれてるバスト
掘り出します！

脚から整えれば、胸は自然と出てくる

一時期、バストの〝カップ〟に注目が集まったことがありました。Eカップ、Fカップ……と、バストはより大きいことが女性にとっての象徴だとの風潮がありました。

「バストって生まれもったもので、小から大になんて、できるわけがない！」

たいていの方は、その風潮に翻弄《ほんろう》されながら〝現状維持〟を受け容れ（ざるを得ず）、補整下着に頼っていたのではないかと思います。

大丈夫ですよ。〝巨乳〟というわけにはいきませんが、**バストは定位置に収まれば、その存在はしっかりと主張できる。**その方法はあります。「脚」から正しく整えていくことです。

「食事制限しなくてもやせられると、友人に聞いて……」

岡島さんがサロンにやってきた目的は、当初「やせたい！」ということでした。たしかに、お腹はぽっこりと出ていましたし、太ももは前にせり出していて、太い。でも、わたしが気になったのはバストでした。横から見ると、バストよりアンダーバストが出ていて、ウエストもお腹も出て、バストの存在がほとんどなかったのです。

体重は、重ければ重いほど下へ下へと重力がかかります。その影響をいちばん受けているのは脚。関節のつまりはそこから始まりますが、そこに大きくかかわっているのは、股関節です。

まず、股関節の位置がズレて定まっていません。だから、重い上半身を支えるために、太もも前面は踏ん張って太くなってしまいます。

もちろん、上半身にもゆがみは波及します。骨盤が前傾（あるいは後傾）して、前かがみの姿勢（ねこ背）がお腹のせり出しを促し、肋骨も下がって前に出て、その結果、バストが本来の位置や大きさを失ってしまっていたのです。

股関節を整えて、骨盤を立てる。そうすると、そのまま丸まっていた背骨が立ち、首が立ち上がります。この状態が維持できれば、肋骨は後ろに引けて、上がります。

肋骨が正しい位置になれば、自然とバストも上がります。しかも、ウエストのくびれもできるのです。

「バストは小さいもの、と諦めていたのですが、目に見えるうれしい変化でした」

そして、岡島さんは当初の希望も見事にかなえました。なんと、12キロの体重減に成功したのです。

股関節がズレて代謝が悪いとセルライトができる

股関節はからだの中心にある骨盤を支えています。ここにズレやゆがみが起こると、からだのあちこちの関節につまりやズレが起こってきます。関節のまわりの筋肉もねじれてしまいます。そうするとどういうことが起こってくると思いますか？　そう、血管やリンパ管が圧迫されて、血液の流れ、リンパの流れがとどこおってしまうのです。

血液やリンパがスムーズに流れていれば、新陳代謝は活発です。不要な老廃物はからだにとどまることなく、体外に排出されます。逆に関節のつまりやねじれは、それを阻害するのです。すると**セルライトは、つまりがある箇所、ねじれがある箇所にできる**のです。

ここでセルライトについて少しお話ししておきましょう。

セルライトは主に、お腹や太もも、ふくらはぎ、お尻、二の腕や背中に出ることが多いようです。通常の脂肪と構成要素はなんら変わるところはないようですが、老廃物が脂肪細胞のなかに蓄積されて発現すると考えられています。皮膚の表面が凸凹《でこぼこ》として、触ると硬さを感じます。

血液やリンパの流れがとどこおっているところに、セルライトはできやすく、そのままにしておくと、さらに血流を悪くしてしまい、肩こりや腰痛などにもつながっていきます。

林さん（後出）にも、その硬いセルライトが見られました。それが肩と背中と脚でした。表面的には触っても感じませんが、少し強く押すと、凸凹した感触がありました。セルライトは自分ではなかなか押し流すことはできないので、施術で押し流すのですが、かなり硬く「板のよう…！」と思うほどでした。

その状態から解放されるには、**基本はやはり股関節のゆがみを直すこと**に尽きます。林さんは身長も150センチに届かない、体重も43キロと、かなり小柄です。ストレッチをはじめて、からだのサイズにはそれほどの変化はなかったのですが、ご自身によると、「からだはいつも疲れていました。それがなくなったような気がします。流れが改善されたからでしょうか」とのこと。

林さんはとても呼吸が浅く、血流も悪かったので、その変化にはわたしもとてもうれしく感じたことを記憶しています。

脚が重くてだるい〝セルライト体質〟に要注意

セルライトがあらわれる箇所には〝傾向〟があるとお話ししました。二の腕や脚、背中や腰まわりに発現することが多いのが特徴ですが、これはまさに、**股関節の広がり、ズレから骨盤が正しい位置にないということを証明している**ともいえます。

最近では、歩きながら〝スマホ〟を操作している人を多く見かけます。前方を見ず、つねにからだは前かがみです。パソコンを操作する仕事に就いている人も、スマホでゲームに熱中している人も、前かがみの姿勢は、おそらく長時間つづいているでしょう。仕事だからその姿勢がつづくことは仕方のないことです。ゲームを〝ダメ〟ということもできません。

ただ、きちんと認識しておいてほしいのは、人の骨格というのは、4足歩行から2足歩行になったことで、気の遠くなる長い年月をかけて進化し、微妙な修正、補正がおこなわれてきたということです。

とくに股関節は、立って歩く、そのために順応して進化してきたのです。**股関節の進化により、2足歩行が可能になったともいえる**ほどです。その股関節がゆがんだら？

いまさまざまに抱えている悩みは、股関節のゆがみに起因している。

そうわたしは考えています。セルライトがどの部位にあらわれるかは人それぞれの生活習慣にかかっていますが、からだのどこかに「?」を感じたら、その根本、つまり股関節のゆがみに立ち返っていただきたい。長年多くの方に出会って、よろこびの表情をいただいてきたからこその思いです。

硬い筋肉をほぐし、抗重力筋を鍛える

さて、**「抗重力筋」が股関節を整え、骨盤を正しく立てるためにとても重要な筋肉である**ということは、再三お話ししてきました。でも、抗重力筋という筋肉が独立して存在するわけではありません。

「立つ」という姿勢を獲得した人間は、上から下へと落ちる重力に適応すべく、骨格を、筋肉を発達させ、進化させてきました。抗重力筋は文字通り、重力に抗ってからだを立たせている筋肉のことです。立って、歩く、座る……とさまざまな動作をするときに、縦に伸びて動く筋肉、そのすべては抗重力筋です。

具体的には、背骨まわりの脊柱起立筋、お尻の内側にある中殿筋や小殿筋、脚の裏側にある半腱様筋《はんけんようきん》やひざの裏にある足底筋《そくていきん》、内ももにある縫工筋《ほうこうきん》、お腹まわりの腸腰筋、腹直筋（97ページ参照）、首を持ち上げる胸鎖乳突筋などがあります。

上半身を支えるのは下半身です。

ここではたらく筋肉は、いうならば、人のからだを支える要。股関節と、その動きに連動する骨盤は、抗重力筋の動きをコントロールしているといっていいかもしれません。

わたしのサロンにいらしたとき、中山さん（前出）は、60歳でした。

「会社の健康診断で計ったら、身長が縮んでいたんです」

ねこ背を長くつづけてきたためでしょう、中山さんの背中は硬く、広がっていました。肩が盛り上がり、首も短い。そんな状態の上半身を支えるため、太ももは太く、ひざは〝くの字〟に曲がっていて、すべてが前かがみでした。

年齢を重ねると、どうしても脚の筋肉が衰えてきます。抗重力筋が衰えて、踏ん張る力も弱くなってしまいます。

ねこ背の姿勢も、脚の力の衰えが考えられました。

足底からひざ裏の抗重力筋にア

プローチして、股関節を整えていくのが、中山さんには最適な方法でした。

28〜31ページでご紹介した「ひざ裏たたき」「お尻たたき」と、152ページでご紹介する「壁押し開脚」を、とくに入念におこなっていただきました。

「わたしにできるかしら？」

運動とは無縁だった中山さんは最初、少し戸惑っていましたが、ものの見事にすてきなボディラインを手にしたのですよ。

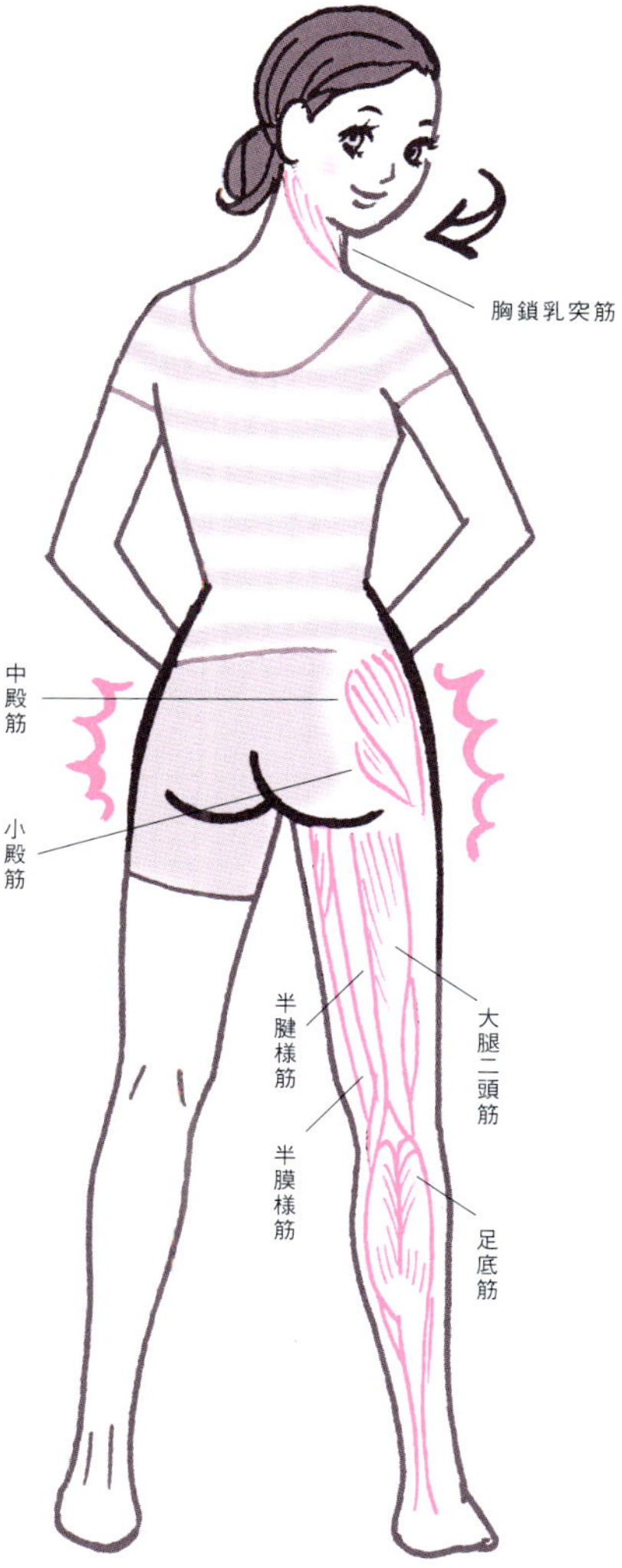
胸鎖乳突筋
中殿筋
小殿筋
半腱様筋
半膜様筋
大腿二頭筋
足底筋

肩関節をほぐして、バストを上げていく

前かがみの姿勢がクセになっていると、内臓が下垂することはお話ししましたが、下がってくるのはそれだけではありません。バストも下がりやすいのです。肋骨の位置のズレが大きな原因であることに変わりはないのですが、肩まわりにも、その原因にあるのです。

前かがみの姿勢になると、背中が丸まり、かわりに胸が圧迫されます。とくに大胸筋の内側にある小胸筋（97ページ参照）と呼ばれる筋肉が動きを制限されます。この小胸筋はバストを上げることに大活躍をするのですが、意識しないとなかなか動いてくれません。

胸鎖乳突筋もバストアップには大切なはたらきをします。

胸鎖乳突筋は首の左右にあり、触るとコリッとする筋肉です。頭の側頭部から鎖骨に斜めにつながっています。縦に伸びる抗重力筋で、この筋肉がうまく使えないと、胸を上げる小胸筋がゆるんでテロッとしてしまうのです。ここにもバストが下がってしまう要因があります。

「どんなファッションにも対応できるボディラインになりたい！」とサロンにやってこられたのは、モデルの仕事をしている西山さん（35歳）。

一目見て、さすが、モデルさん、と思いました。でも、全身の関節がつまりやすいいかり肩が少し気になったのと、バストラインより肋骨が出ていたのが気になりました。

バストラインはファッションが映える重要なポイントです。そのどちらも叶えるストレッチを提案しました。

それが、32ページでご紹介した「ひじ回し」と、このあと154ページに出てくる「組み手まわし」、です。どちらのストレッチも、意識しないと動かない小胸筋をほぐし、胸鎖乳突筋に刺激を与えるストレッチなのです。

バストが垂れてしまう。男性にはわからないと思いますが、女性にとってそのポイントはかなり重要ですね。みなさんも、このストレッチ、始めてみてください。

脚の抗重力筋を鍛える

壁押し開脚

「足の底」にスポットをあて、足底から脚の抗重力筋を鍛え、
さらに股関節をやわらかくさせるストレッチです。

1

壁に向かってひざを曲げて座り、手でからだを支えながら片方の脚を少し伸ばして足の裏を壁にペタっとつける。

2

足の裏を壁にぴたりとつけたまま、脚を壁に沿うように上げていく。

3

ひざ裏が伸びるまで上げたら、かかとだけで壁をグーッと押し、指を壁から離す。

壁をかかとで押すときは、輪切りにしたタマネギの真ん中を押すイメージで。抗重力筋はかかとの真ん中から押し上げられていきます。この力が頭をまっすぐ持ち上げるのです。足底に意識を向けましょう。

MEMO

4

壁に足裏をいったんもどし、次に足指を曲げ壁にグーッと押しつけながらかかとを壁から離す。3と4を何回かくり返す。

5

2の状態（足の裏を壁にペタッとつけた状態）から、足の裏を壁につけ、ひざを伸ばしたまま擦り下ろしていく。ここまでを反対側の脚も同様に。

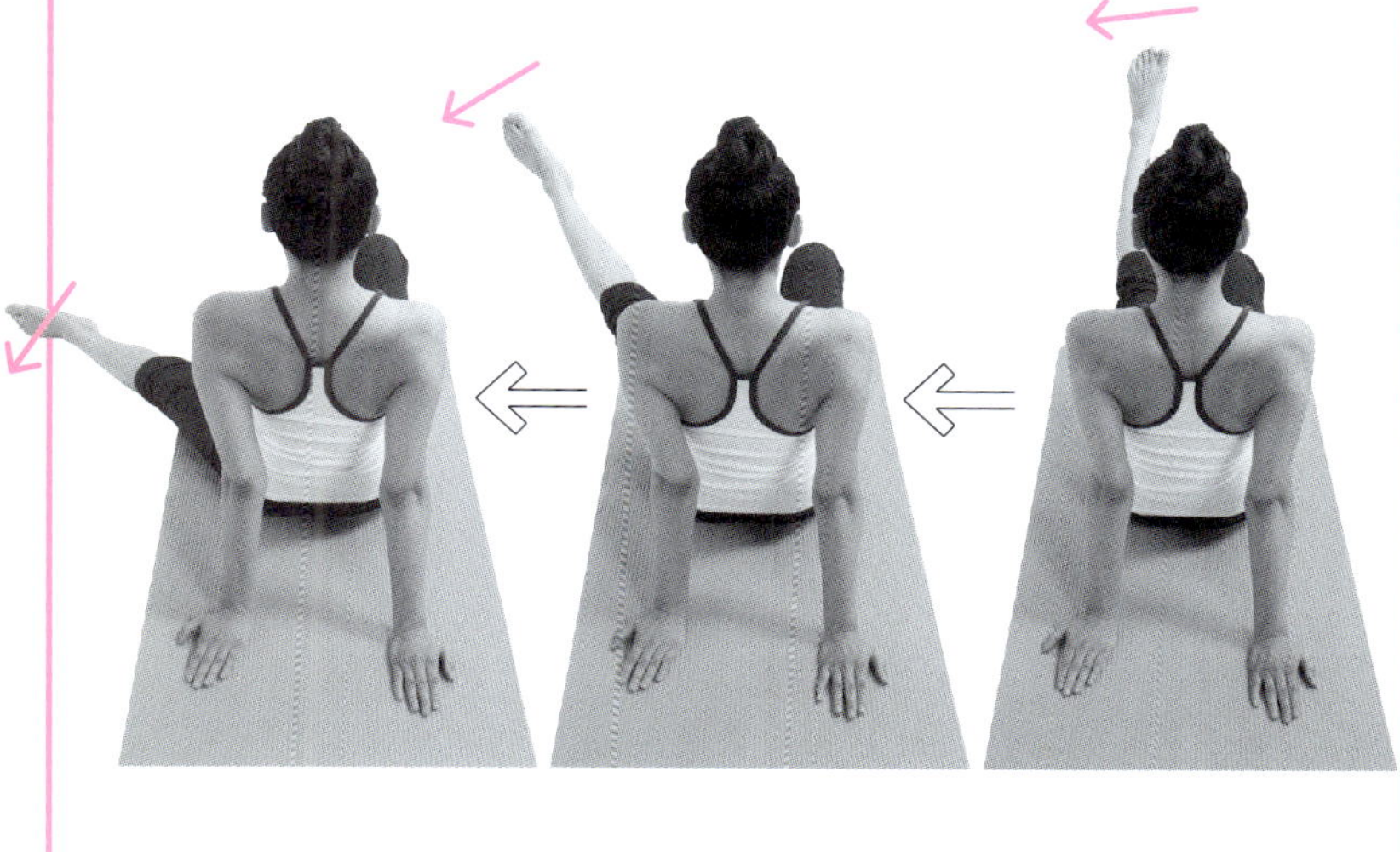

肩関節をよりやわらかく

組み手まわし

つまりやすい肩関節をほぐし、抗重力筋の衰えで下がってしまうバストをアップする、
シンプルながらとても効果のあるストレッチです。

1

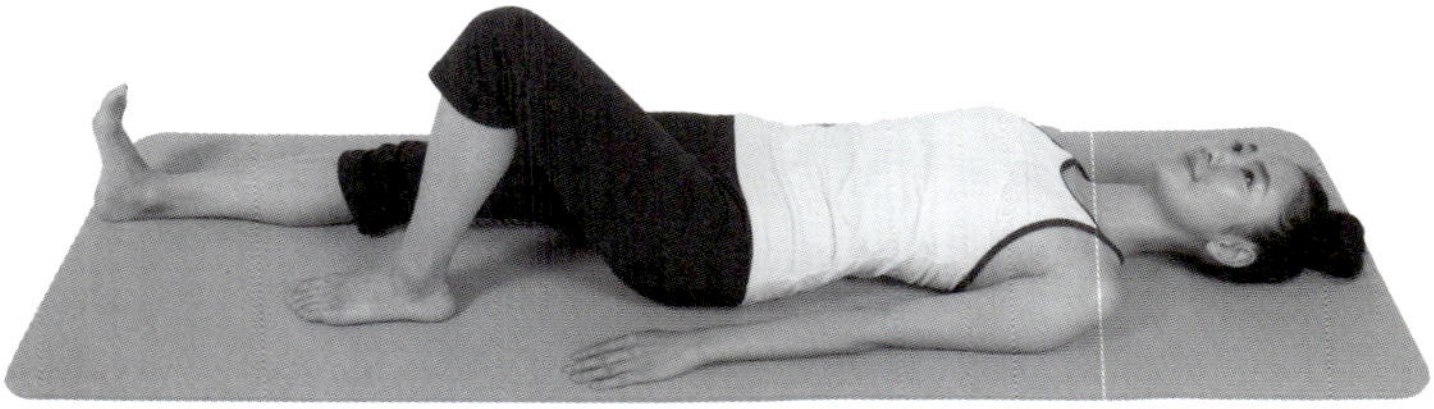

あお向けになり、どちらかの脚のひざを立てる。足底を
床にしっかりとつけ、両手はからだの脇に自然に置く。

2

両脇に置いた手を、お腹の上で組み合わせる。

片脚を立てることで、脚の力を使って肩関節を大きくまわすことができるのが、このストレッチのポイントです。肩関節の可動域が広がり、かたまった肩甲骨まわりがほぐれていきます。

MEMO

3

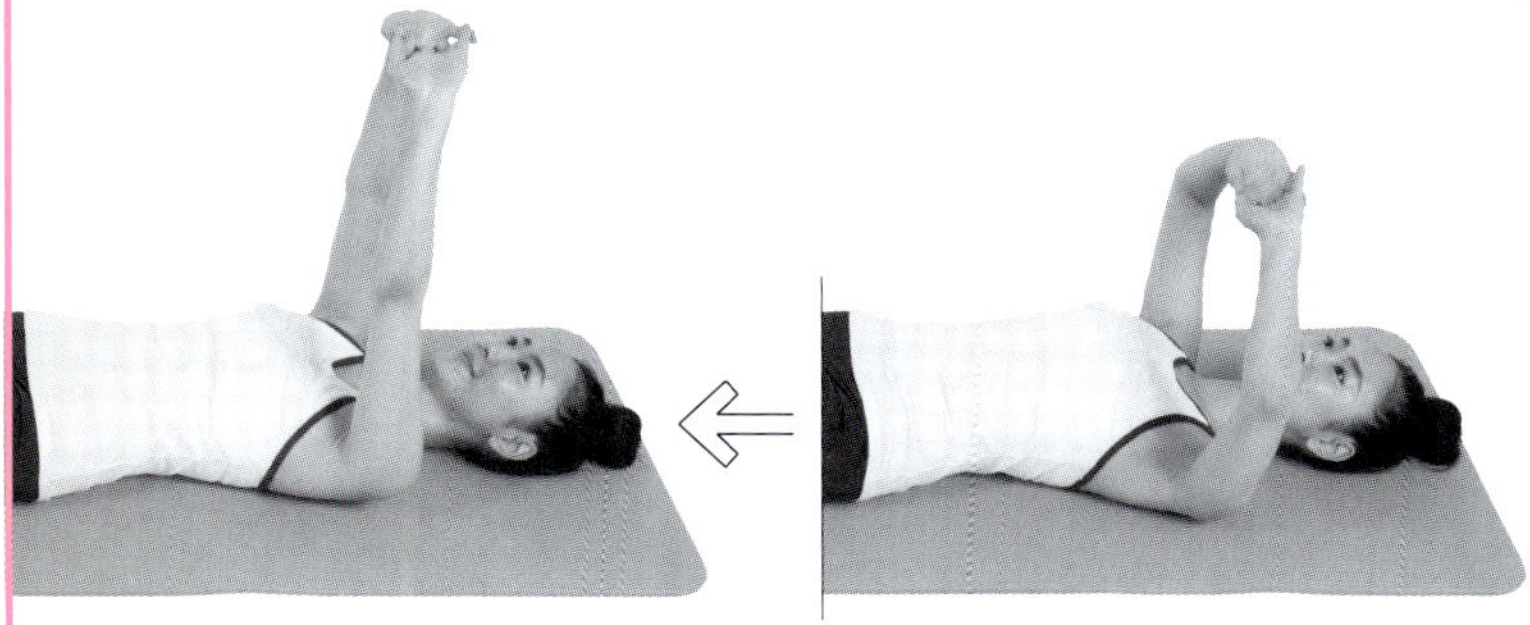

その手をくるりとまわして反り手にし、肩やうでや背中が力まないようにして天井に向けて伸ばす。

4

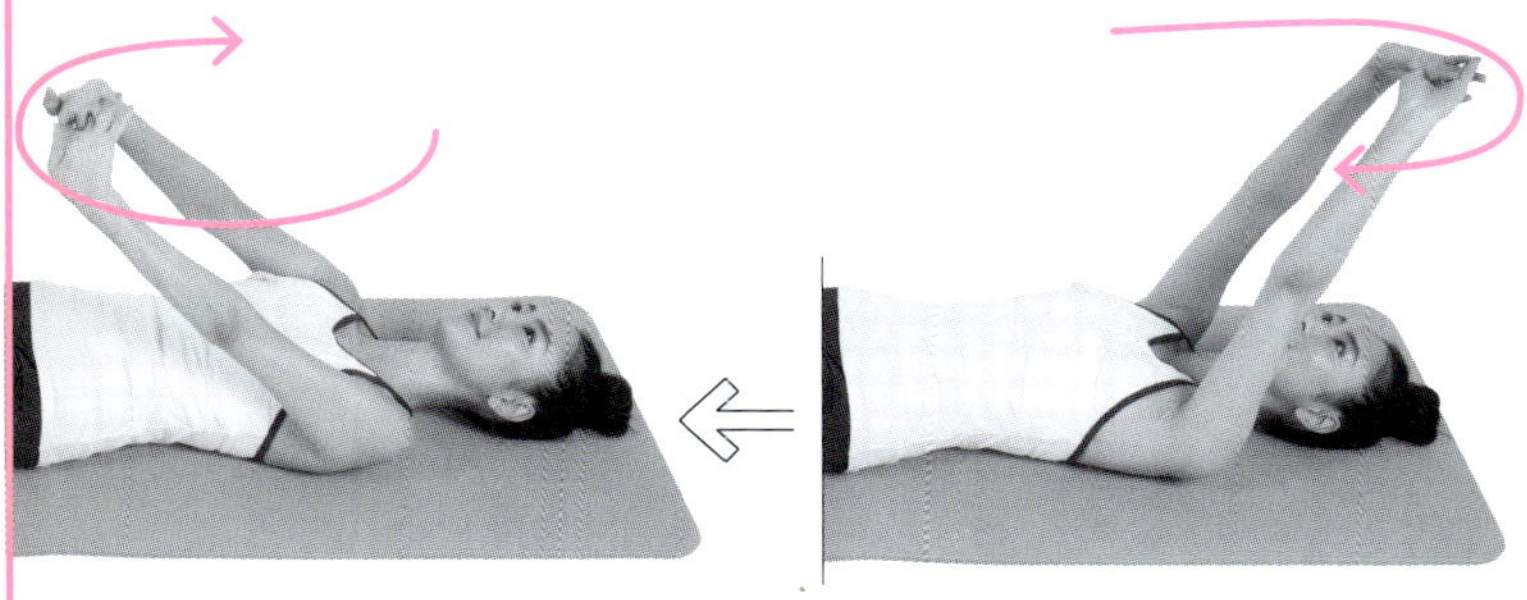

水平に大きな円を描くようにまわしていく。時計回りに5回、反時計回りに5回ずつ。組んだ手を目で追うと、目のストレッチにも。脚を替えて同様に。

体験者の声

体重が12キロ減って、ウエストが10センチも細く！娘と姉妹に見られるなんて。からだが軽くなって、心も爽やか！

岡島奈々さん（40歳）

50歩チェックの結果
左脚が強く、左右の靴のかかとの外側の減りがひどく、脚の関節にゆがみが。魚の目やタコのトラブルも。

AFTER

身長：154.8cm
体重：43.8kg
ウエスト：63.2cm
バスト：81cm
ヒップ：89.5cm
右太もも：48cm
左太もも：49.3cm

BEFORE

身長：152.7cm
体重：56.2kg
ウエスト：73.5cm
バスト：79cm
ヒップ：98cm
右太もも：49.5cm
左太もも：51.1cm

自宅でピアノを教えています。必然的に「座る」姿勢が毎日つづきます。子どもたちを教えているのですが、親御さんからのいただきものも多くて、ご遠慮するのですが、どうしても……。

いただいたら、食べてしまいますよね。他の人にあげたり、食べなかったりしたら失礼です。と、ちょっと人のせいにしていますが、食べることは大好きなので、ついつい食べ過ぎてしまう傾向があります。

そんな毎日を過ごしているとき、久しぶりにママ友に会ってびっくりしてしまいました。その人が、驚くほどやせていて、「スタイルもなんか、違う！」ものだったのです。「どうしたの？」と思わず聞いてしまいました。

このとき、食事制限をしなくても、やせる指導をしてくれる先生がいるということを知りました。それが南先生。もちろん、さっそくサロンをお訪ねしました。

南先生からは、

「ちょっと水太りで、あまり筋肉がつかないタイプですね。だから、お腹のぽっこりも、軽いXO脚もすぐに修正できますが、リバウンドしやすいので、ストレッチをしっかりやって習慣にしてね」

南先生にそう診断されました。もちろん、先生のいうとおりにストレッチに励みました。そして、なんと、わたしの体重は12キロも落ちたのです。しかも、ウエストにはくびれまでできたのです。

何よりうれしかったのは、バストが〝出現〟したことでした。お腹や太ももより引っ込んでいて、いってみれば〝貧乳〟です。この歳になって〝豊か〟な胸は望んではいなかったのですが、すっごく驚くほどの変化でした。

いまは娘と「姉妹？」なんていわれるほどなんですよ。変化がうれしくて、この状態を維持するために、毎日ストレッチに励んでいます。

まとめ

岡島さんの筋肉はやわらかく、セルライトが蓄積しにくいタイプでした。でも股関節がつまって、皮下脂肪や内臓脂肪がつく体質。股関節を正すと、みるみるやせて、なんと3ヵ月で12キロもやせ、太かった太ももも、引き締まるのは早かったですね。ヒップまわりも9センチ細くなって、それこそひと回りスリムになりました。

CASE 7

背が高く、大柄に見られるのがコンプレックス…華奢になりたいです

町田香織さん（33歳）

町田さん 33歳
背が高くて大柄にみられるのがコンプレックスで…
女性らしく華奢になりたいです
すごいねこ背ね〜
はい……自分より背が低い人と話すときは前かがみになってしまうので
仕事もデスクワークですし……
背が高い人は体重を減らすよりボディラインを美しくすることを考えましょう！
そうすれば体重は自然と落ちてくるわよ
男っぽい体を
女性らしく!
そうなんですか
まずはバストね

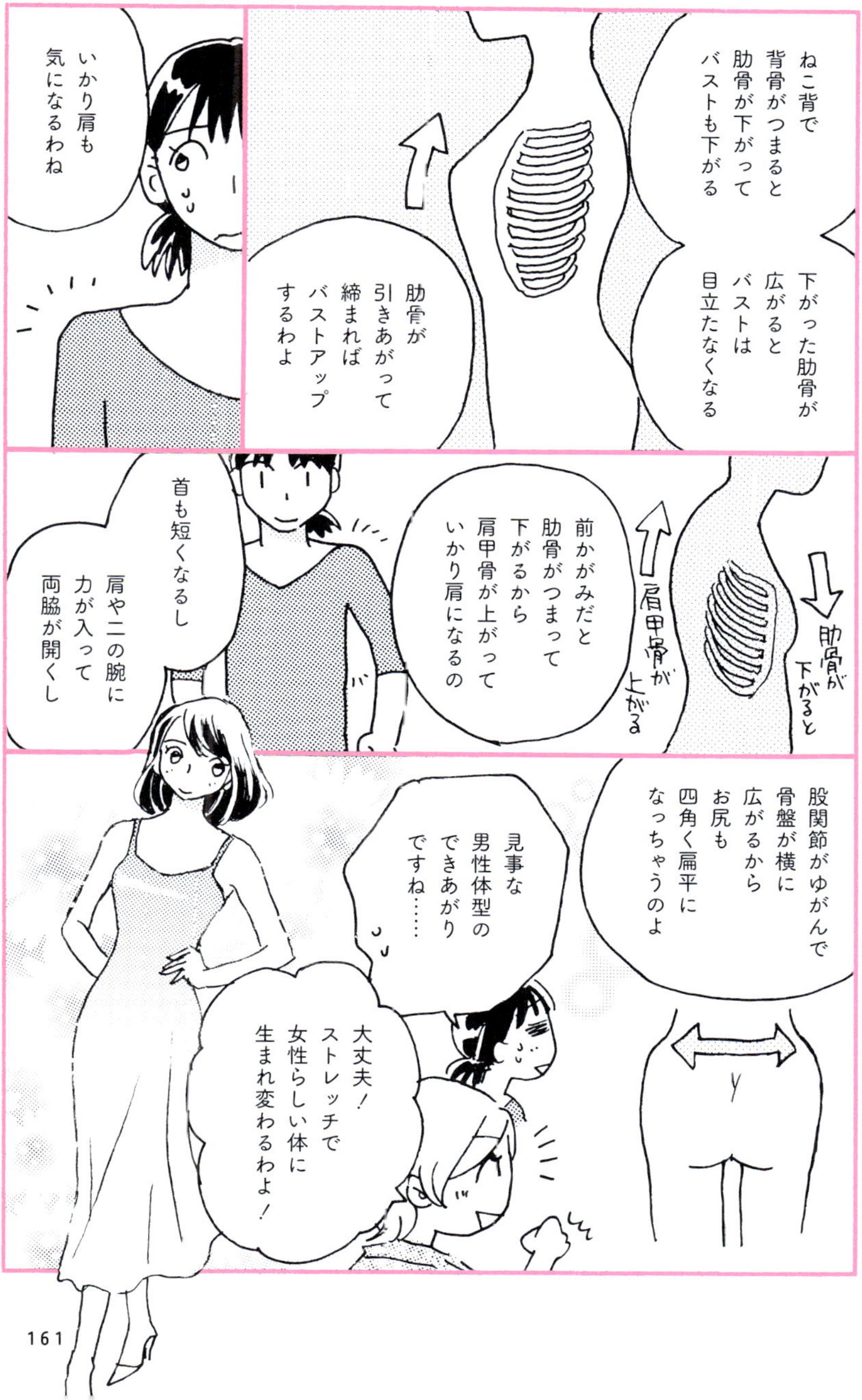
ねこ背で
背骨がつまると
肋骨が下がって
バストも下がる
下がった肋骨が
広がると
バストは
目立たなくなる
肋骨が
引きあがって
締まれば
バストアップ
するわよ
いかり肩も
気になるわね
肋骨が
下がると
肩甲骨が
上がる
前かがみだと
肋骨がつまって
下がるから
肩甲骨が上がって
いかり肩になるの
首も短くなるし
肩や二の腕に
力が入って
両脇が開くし
股関節がゆがんで
骨盤が横に
広がるから
お尻も
四角く扁平に
なっちゃうのよ
見事な
男性体型の
できあがり
ですね……
大丈夫！
ストレッチで
女性らしい体に
生まれ変わるわよ！

背が高い人ほどねこ背になりやすい

〝可愛らしい女性〟という表現には、〝小さくて華奢《きゃしゃ》な〟というニュアンスも含まれているようです。そのためでしょうか、背が高い女性はそのことにコンプレックスを持っていたりします。

身長が175センチある町田さんもそんな女性の1人でした。体形はねこ背でいかり肩が目立っていました。

背が高い人はねこ背になりやすいのです。なぜなら、同性同士では、自分より背が低い相手と接したり、会話をしたりすることが多く、その際どうしても首を前に傾けることになるからです。

首の前傾にともなって肩も前肩になり、背骨も前に倒れてねこ背になるのです。仕事で前かがみの姿勢になるデスクワークが多いことも、それに拍車をかけます。町田さんもそう。ねこ背の弊害についてはこれまでもお話ししてきましたが、サラッとおさらいをしておきましょう。

ねこ背で前かがみになっていると、首の骨がつまって曲がってきます。そのため肋骨が前傾して落ち、内臓を圧迫するので、内臓が下がってきます。内臓下垂はお腹まわりが太る要因です。

また、前傾姿勢で重心が前にいっているため、それを支えようとして、太ももの前が太ってきます。

背が高い人が太ってしまうと、大柄がいっそう目立つのです。しかも、動作が実際以上にもっさりしているような、鈍いような印象を与えてしまいます。そう見られていると感じたら、コンプレックスもさらに増すでしょう。

わたしがいつもお伝えしているのは、**背が高い人は努力するとモデルのように美しくなれる**ということ。

そのため町田さんには、体重を減らすことばかりに目を向けずに、ボディラインを美しくすることを考えましょうね、とお伝えしました。ボディラインが整えば、体重は自然に落ちてくるのです。

肋骨をしまってバストを丸くする

ねこ背で前のめりになっていると、背骨がつまり、肋骨が下がってきます。それにつれてバストの位置も下がります。弾力を感じさせるバストの丸みは女性の美しさの象徴ですが、下がったバストは丸みを失うのです。しかも、外側に広がってきてしまいます。

さらに下がった肋骨が広がると、バストはますます〝目立たなく〟なります。極端なケースでは肋骨のほうが出てしまうこともあるのです。女性らしさは大幅にダウンです。

西山さん（前出）も肋骨が下がって広がり、バストが小さく見えていました。これは肋骨を動かして正しい位置に戻すことで解決する問題です。

そのことをお話しすると、西山さんは「えっ、肋骨を動かすのですか⁉」と驚いていらっしゃいました。骨は動かせないと思っている人は多いのです。前にもお話ししましたが、骨は筋肉とつながっていますから、筋肉を動かせば骨も動きます。

肋骨が引き上げられると、バストもアップし、丸みが出て本来の位置に収まります。これはすぐにも実感できます。松本さん（前出）はこうおっしゃっています。
「バストがこんなにすぐに丸く大きくなるなんて、信じられないくらいです。ほんとうにびっくりしました」
松本さんに起きたこの変化、女性らしさを大幅にアップさせるものですよね。

男っぽいいかり肩は、下がった肋骨と上がった肩甲骨のせい

首筋から肩にかけてのなだらかなラインは女性らしさを感じさせます。それとは真逆なのが肩が上がっているいかり肩です。背が高い女性にはほとんどのケースでこのいかり肩が見られます。

前かがみの姿勢では重い頭をバランスよく支えることができなくなり、**首の骨や背骨がつまり、肋骨は斜め下に**下がってしまいます。このとき肩甲骨は上がっています。この上がった肩甲骨と連動して、肩が上がってしまい、いかり肩になるのです。

いかり肩の人は肩甲骨まわりの筋肉が硬く盛りあがってきます。これも体形的に女性らしさが感じられなくなる要素でしょう。〝いかつい〟という印象を与えてしまう

鎖骨は“水平”が美しい

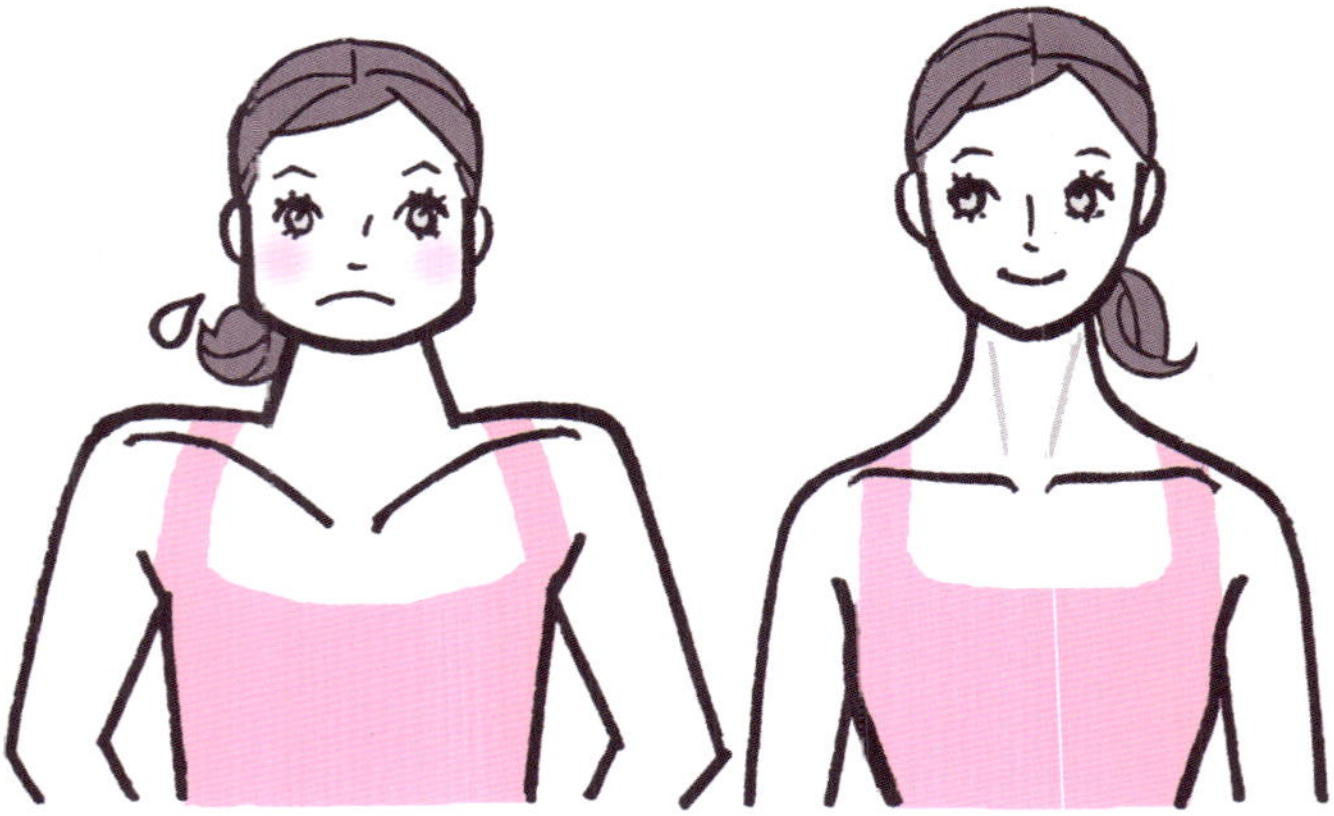

のです。

いかり肩になって肩関節が上がると、それにつられて鎖骨の外側も上がってきます。首筋から胸元にかけての部分をいう**デコルテは、鎖骨が水平になっているのが美しい**とされます。外側が上がって〝逆「ハ」の字〟になったデコルテは、美を損なってしまうのです。

また、首も短くなりますから、その点でもマイナス。女性らしさを表現してくれるのが、ほっそりと長く伸びた首ですが、それとは対照的なのがいかり肩の人の首といっていいでしょう。

いかり肩が解消されるだけで、雰囲

気は大きく変わります。上がった肩甲骨が下がり浮き出てきて、筋肉もしなやかに薄くなりますから、格段にスッキリした肩から背中のラインができあがるのです。

その変化がめざましかったのが東田さん（前出）です。前にも紹介しましたが、サロンにいらしたときは、宝塚の男役が似合いそうな体形だったのですが、ストレッチを実践されて〝男っぽさ〟はみごとに消え、大人の女性としての魅力あふれる肩のラインになりました。

肩・二の腕が、ガチっと固まっていませんか？

いかり肩の人に共通するのは肩や二の腕に力が入っているということです。ねこ背で首が傾いて、首の骨がつまってくるのを防ぐために、肩や二の腕、首の後ろ側にも力が入るのです。力を入れるために両脇も開いてきます。

たとえていえば、倒れそうな木に添え木をしているようなもの。**いからせた肩と二の腕が添え木になって、前かがみに倒れるのを支えている**のです。

手の位置も前にきます。正しい骨格の人は手をストンと下に下ろすと、太ももの横

の位置になりますが、それがだんだん前に出てくるのです。これもねこ背の上半身を支える〝添え木〟としてのサポートの役割です。

さあ、その体形をイメージしてみてください。肩、二の腕に力が入り、脇が開いて、手が前に出ている……。到底、美しい体形とはいえませんね。男性なら〝力感〟のある体形はある種、魅力的かもしれませんが、女性に力感は必要ないでしょう。

どこにもリキんだところがない、なだらかなラインのナチュラルな体形であってこそ、女性らしさを感じさせるのではないですか。

女性らしい体形づくりには、肩はとても重要です。

股関節を整えて四角いお尻を解消

　背が高く前のめりの姿勢になっている人は、股関節がゆがみ、骨盤が横に広がっています。そのため**お尻が丸みをなくして、四角く扁平になってしまう**のです。

また、お尻の位置やかたちにかかわっているのが、恥骨《ちこつ》と尾骨《びこつ》です。骨盤が広がった状態では、恥骨も尾骨も後ろにズレています（46ページをご参照ください）。

　それが出っ尻やダラッと下がったお尻になる原因。恥骨と尾骨を正しい位置に戻すには、股関節を整えることが必要です。そのことによって恥骨と尾骨のズレがなくなると、引き締まった丸みのあるお尻のラインが実現します。

　また、股関節が整うことで骨盤も締まりますから、四角い扁平《へんぺい》な〝ピーマンお尻〟は解消。丸みがあって弾力を感じさせる〝桃尻〟になるのです。

"いい女"は内筋を鍛える

女性らしい体形づくりでは筋肉に目を向けることを忘れてはいけません。縦にしなやかに伸びる筋肉（抗重力筋）を鍛え、充分にはたらかせることで、つまったり、縮んだりしている部分がスッと伸び、たるんでいる部分、太っている部分が引き締まっていくのです。

たとえば、太ももの裏やふくらはぎにある抗重力筋（大腿《だいたい》二《に》頭筋《とうきん》、半腱様筋、足底筋）がよくはたらけば、太ももやふくらはぎもスッキリ細く、長くなります。

また、肩甲骨から肋骨につながっている抗重力筋（小胸筋）が鍛えられて、発達すれば、バストがアップし、ふくよかになります。**この抗重力筋は大胸筋の内側にあって、バストのまわりの筋肉を支え、中央に寄せるはたらきをしている**からです。

もちろん、背骨まわり、首の周囲にも抗重力筋があります。それらのはたらきで背中のライン、首のラインの美しさが決まります。もっといえば、**女性らしい体形のポイントとなる部分には、すべて抗重力筋がかかわっている、**といってもけっして過言ではありません。

抗重力筋を鍛え、はたらかせるうえで必要不可欠なのが、骨格を正しいものにするということです。そのためには関節を整えること。なかでもすべての関節の要ともいえる股関節を正すことが、もっとも重要といえます。

関節と抗重力筋は、女性らしい体形をつくるうえでの、いわば、クルマの両輪です。**関節を整えることで抗重力筋がはたらくようになり、抗重力筋がはたらくことで関節がさらに整っていく。**

この２つを同時並行的におこなっていくのが、本書でご紹介するストレッチです。

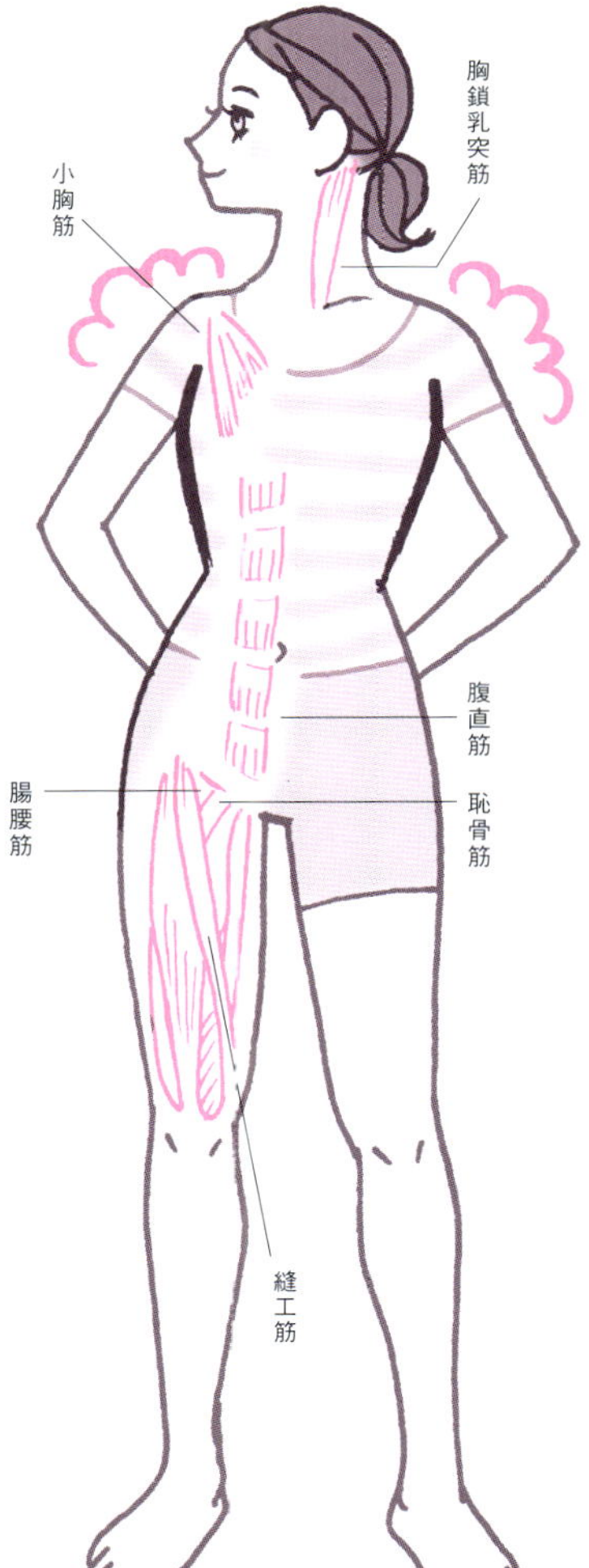
胸鎖乳突筋
小胸筋
腹直筋
腸腰筋
恥骨筋
縫工筋

股関節をよりやわらかく

股関節ほぐし上級編

股関節をほぐし、抗重力筋で体幹を鍛えるストレッチです。
からだの至る所で起こっているゆがみやズレを総合的に正します。

1

脚を肩幅に開いて、あお向けになる。

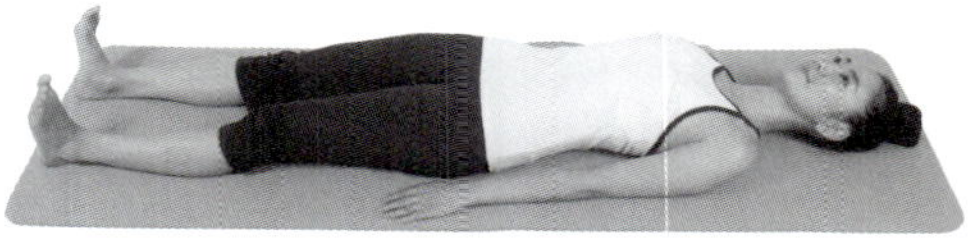

2

横向きになる。下になる腕は指先からまっすぐ伸ばし、倒れないよう反対側の手でからだを支える。脚のつま先は伸ばす。

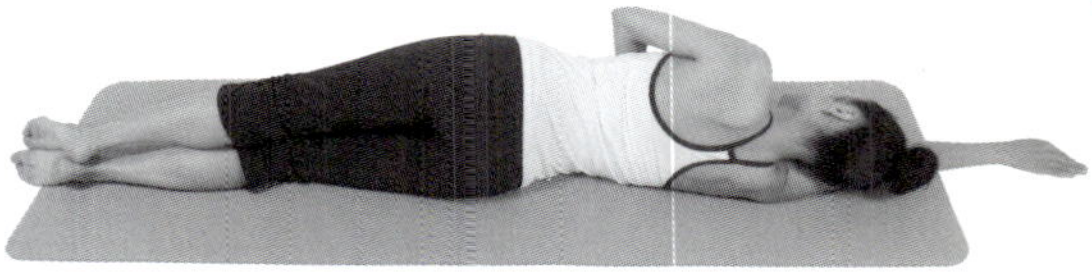

3

重ねた脚の上側の脚を曲げて軸脚のひざの上にのせて立てる。

軸脚の上に立てた脚は直角を心がけます。それが股関節と恥骨を正しい位置に収めるポイント。最初はきつくてもだんだんできるようになってきます。足がつる人は少しずつ無理せず基本のストレッチから。

MEMO

4

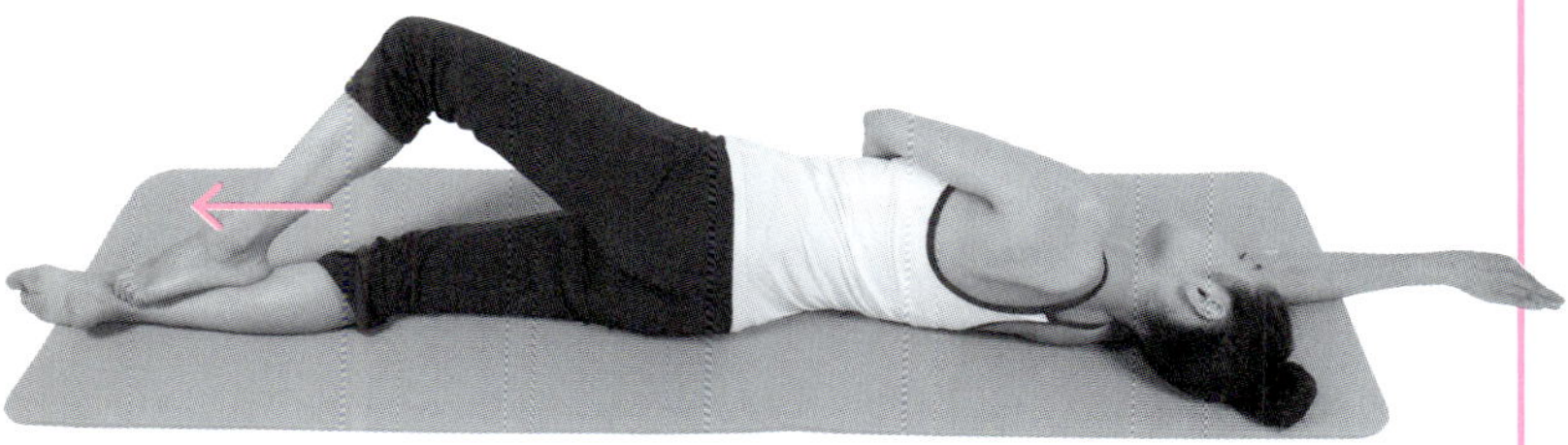

軸脚の上に立てた足を動かしていく。ひざからくるぶしへ。足の底でなぞるようにスリスリと。指先がくるぶしに触れたら、指でくるぶしを触る。

5

くるぶしまで下ろした足を、もとの位置に戻していく。戻したらかかとでひざの横の骨を押す。この動作を5回ほどおこない、脚を変えて同様におこなう。

椎関節をほぐす

椎関節ストレッチ

ねこ背を直す2つの要素をとりいれたストレッチです。
背骨をほぐし、肩甲骨を下げてくれます。頸椎のつまりも解消されます。

1

脚を肩幅に広げてひざ立ちし、この状態から片方の脚を思い切り1歩前に出す。後ろ脚は伸ばすことを意識。手は両手を組んで引っくり返し、頭上に持ち上げる。

関節のつまり、筋肉のこわばりは、強ければ強いほど解消は困難になります。腰から首までダイナミックに動かして、背骨の椎関節をほぐしていきましょう。

MEMO

2

下半身をキープしながら、首を水平にまわす。ゆっくりとまわせるだけまわしたら正面に戻し、反対側にもまわしていく。ここまでを数回おこなったら、脚をもとに戻し、反対の脚も同様におこなう。

股関節から抗重力筋を鍛える

ひざ振り開脚

骨盤の立て方や、恥骨の在りかを感じられるストレッチです。
股関節をやわらかくして、脚の内側の筋肉が鍛えられます。

1

イスの前に立つ。片脚をのせて、イスの背もたれに両手を置きながら、軸脚もしっかりと伸ばす。

2

軸足のかかとを上げる。イスにのせた足も指裏でグッと押すようにしてかかとを上げる。10センチ上げるのが理想。

MEMO

イスに背もたれがない場合は、テーブルを支えにしてもいいでしょう。少しきついと感じるかもしれませんが、抗重力筋を鍛え、股関節をやわらかくする効果は絶大です。

3

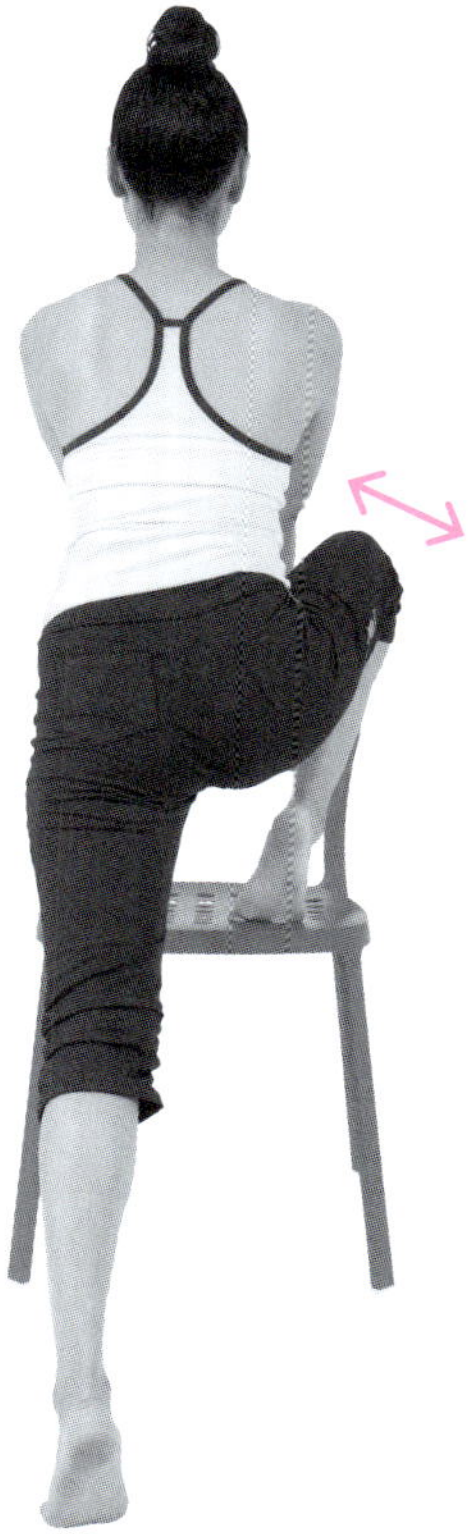

ひざを外側に、1，2，3，4．5と、リズミカルに振る。

4

最後にひざをグーッと最大限に開いてとめる。骨盤を立てて恥骨を前に出すと可動域が広がる。脚を変えて、同様におこなう。

体重は9キロ減って、ウエストは11センチもサイズダウン！わずかな時間のストレッチで、こんなに女性らしい体形に変わる方法は、ほかにありません

町田香織さん（33歳）

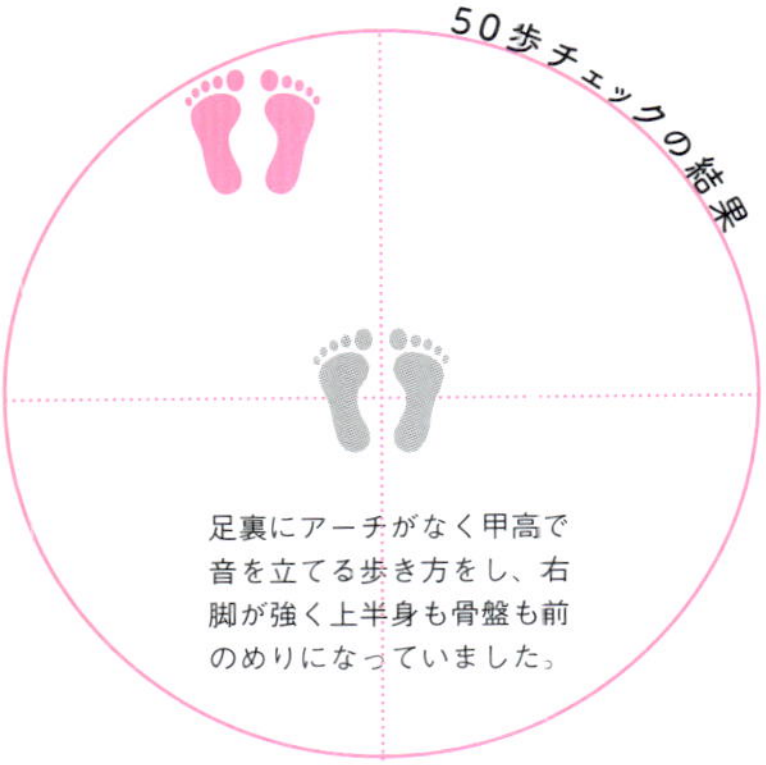
50歩チェックの結果
足裏にアーチがなく甲高で音を立てる歩き方をし、右脚が強く上半身も骨盤も前のめりになっていました。

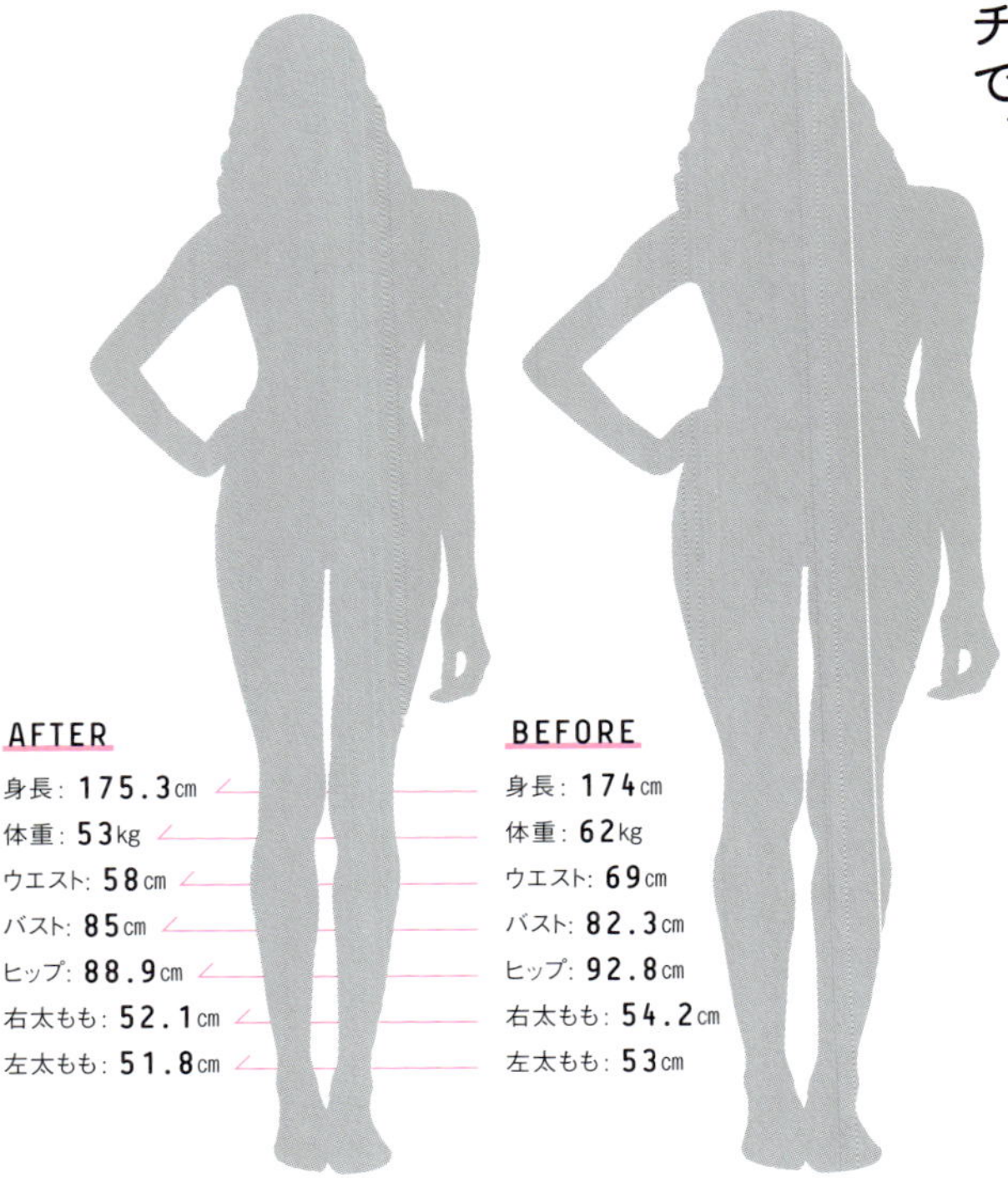
AFTER
身長：175.3cm
体重：53kg
ウエスト：58cm
バスト：85cm
ヒップ：88.9cm
右太もも：52.1cm
左太もも：51.8cm
BEFORE
身長：174cm
体重：62kg
ウエスト：69cm
バスト：82.3cm
ヒップ：92.8cm
右太もも：54.2cm
左太もも：53cm

175センチという長身がずっとコンプレックスでした。背が高いとちょっと体重が増えただけでも、ひとまわりも、ふたまわりも〝大柄〟になったイメージを与えてしまうのです。

仕事のストレスなどから過食で体重が増え、ダイエットのために南先生のサロンにうかがいました。先生のお話からわかったのは、女性はただやせるのではなく、美しいボディラインを目的にしなければいけないということです。

背が高いこともあって、わたしは前かがみでねこ背の姿勢になっていました。その改善が美しくやせる第一歩。はっきり効果があらわれてきたのは、ストレッチにとり組んで2ヵ月後くらいからでした。

姿勢が正しくなったのはもちろん、体重が9キロ減り（62キロ→53キロ）、ウエストは11センチもサイズダウン（69センチ→58センチ）したのです。数値の変化だけではありませんでした。

体型が女性らしくなったのです。鎖骨のラインがきれいな胸もと、肩甲骨がクッキリ見える背中……。どちらも女性らしさを象徴するものですが、それが自分のからだに実現したのです。

「ああ、これが美しくやせるということなんだ」。あらためて先生のお話を思い返し、納得の思いでした。体形がこんなふうに女性らしく変わる方法は、ほかにはないと思っています。

ストレスがたまったときに、つい過食に走ってしまうということもなくなりました。体調がよくなり、消化吸収もよくなったからか、適切な量の食事で満足でき、甘いものを食べすぎることもありません。

これからもストレッチを続け、女性らしい体形にどんどん磨きをかけていきたい。そんな思いで毎日を送っています。

まとめ

身長の高い人は目線がどうしても下を向きがちになります。相手と話すときも、食事をするときも前かがみになってしまう。町田さんもそんな1人でした。彼女は「ひじ回しストレッチ」がとても気持ちがいいとおっしゃって続けてくれました。最終的にはウエストもくびれ、身長の高さが引き立つモデルのような体形になりましたよ。

CASE 8

2ヵ月でデコルテを整え、ウエディングドレスを着こなしたい！

山下美紀さん（28歳）

山下さん 28歳
ぱあああ…
2ヵ月後に結婚式なので
それまでにデコルテを整えてウェディングドレスを着こなしたいんです
おお幸せオーラが……！
最高の晴れ舞台だものね！まかせて！
まぶしいっ
ウェディングドレスを着こなすのに必要な美しいデコルテのポイントは鎖骨にあるのよ
鎖骨…？
肩甲骨がきちんと下がってると鎖骨は水平になるの
これが理想ね
肩甲骨が上がってると逆ハの字に

首から肩
ひじの関節をほぐし
首を伸ばせば
肩甲骨下に
肩甲骨が下がり
肋骨が上がって
美しいデコルテに
なれるわ
肋骨上に
肩甲骨が下がれば
肋骨が上がり
アンダーバストも
細くなる
関節にゆがみがなく
骨格が整っていれば
骨の周囲の筋肉が
正しく発達して
手先、足先の動きも
しなやかになるから
さらにくびれて
美人度アップ！
股関節を整えれば
血液やリンパの
流れがよくなって
ホルモンバランスも
整うから
潤いのある
綺麗な肌に
なるわよ
うわ〜〜
楽しみです〜！

豊かなバスト、華奢な背中のポイントは鎖骨

女性がいちばん美しく装いたい瞬間。それはブライダル（結婚式）のときかもしれません。それ以上の晴れ舞台はないわけですから、新郎をはじめ、参列者に美しい自分を見てほしいと考えて当然です。

結婚式を2ヵ月後に控えた山下さんがまさにそうでした。

「ブライダルのために、ウエディングドレスを美しく着こなせるようになりたい」それが山下さんのご希望。デコルテ（首筋から胸もと）や背中が大きく露出するウエディングドレスを着こなすには、その露出部分の美しさが決め手になります。

豊かにアップしたバストがつくる谷間、引き締まってしなやかさを感じさせる背中とウエストのくびれ。それが実現すれば、ウエディングドレスの着こなしは完璧なものになります。

そのポイントはじつは鎖骨にあり、なのです。

前述したように**鎖骨は水平になっているのが理想**です。斜めに上がって〝逆「ハ」の字〟になっている人がいますが、それは体形に問題があるからです。前かがみ（前

首、前肩）の姿勢になっているのです。

鎖骨と関係があるのが肩甲骨です。肩甲骨がきちんと下がっていると、鎖骨は水平になるのです。つまり、**逆「ハ」の字になるのは肩甲骨が上がっている証拠**。それでは美しいデコルテにはなりません。

前かがみになっていれば、重力を考えても、当然、バストは下がってきます。さらに肩甲骨が上がっていることが、バストに大きく影響するのです。バストは上がっていることはもちろん、アンダーバストが細いことが美しさのポイントです。

では、アンダーバストのサイズを決めるのは何だと思いますか。

それは、肋骨なのです。肋骨が下がって開いていると、アンダーバストは太くなりますし、肋骨が上がって肋骨の下が締まっていれば、アンダーバストは細くなります。

その意味でいえば、**締まった肋骨はアンダーバストを美しく整える、自然のコルセット**だというい方ができるかもしれません。

そして、その肋骨と深く関係しているのが肩甲骨です。肩甲骨が下がれば肋骨が上がる。肩甲骨が上がれば肋骨が下がる。それが両者の関係です。

そう、肩甲骨が上がっているということは、肋骨が下がっていて、アンダーバストが太くなっているということ。これは明らかに美しいバストの阻害要因です。

前かがみの姿勢は背中とも関連しています。前かがみで首も肩も前傾していると、支えるのに力が必要になるため、首の後ろから肩、背中にかけての筋肉に大きな負担がかかります。

そのため筋肉は〝鍛えられて〟硬くなり、盛り上がってきます。**硬くなった筋肉は前かがみの姿勢をさらに進めます**から、筋肉はますます硬く広くなり、盛り上がるという悪循環が起きるわけです。その結果、背中は広く、逞《たくま》しくなってしまう。そんな背中、ウエディングドレスを美しく着こなすうえでは、邪魔者でしかありませんね。

首から肩、ひじの関節をほぐし、前かがみを正して姿勢をスッと伸ばす。そうすると、肩甲骨が下がり、肋骨が上がって、アンダーバストが細く、豊かにアップしたバストになります。

ちなみに、西山さん（前出）も、肋骨を上げることで、小さく見えていたバストが、豊かになっています。

姿勢を正すと、首、肩、背中の筋肉にかかる負担も軽くなりますから、筋肉は薄くしなやかになって、やわらかく弾力のあるものになり、露出に耐える、いえ、むしろみなさんに見ていただくのにふさわしい背中になるのです。

鎖骨をチェックしたら、ちゃんと水平になっているはずです。

優雅な手先、足先は美しいデコルテの持ち主

手先、足先の運び、動きが優雅で美しさを漂《ただよ》わせている人がいます。

よく観察すると、動きの1つひとつにリキみがなく、流れるような感じなのです。

からだにほどよい緊張感がありながら、余分な力が入っていないから、そのような動きができるのです。

肩や背中に余分な力が入っていると、手が棒のようになり、手先は流れるように、しなやかには動きません。

脚も太ももやふくらはぎに力が入れば、やはり動きはぎこちなくなります。

優雅な動きをもたらすのは、姿勢の正しさです。言葉を換えれば、関節にゆがみがなく、骨格が整っている、といっていいでしょう。ですから、骨の周囲の筋肉も正し

く発達し、しなやかに動くのです。

日常的に和装をしていたころの日本人女性は、手先、足先の動きが優雅で美しかったように思います。姿勢の崩れがなかったのでしょう。

いまでも、着物の着こなしが上手で似合う女優さんなどは、とても姿勢がよく、手先、足先はもちろん、どの所作をとってもきれいではありませんか。

確認したわけではありませんが、そんな女優さんたちは、胸が大きくあいたパーティードレスで装っても、そこから美しいデコルテがのぞくはずです。**美しい所作ができる人のデコルテが崩れることはない**からです。

抗重力筋でお尻を上げ、キュッとくびれた胴に

ウエディングドレスを着こなすというテーマからいえば、デコルテ、背中とともに下半身も美しく整えたいところです。フォーカスしたいのはお尻の位置です。抗重力筋については、これまで何度もお話ししてきましたが、ここでも抗重力筋にはたらいていただきましょう。

脚の後ろ側にはいくつもの抗重力筋（大腿二頭筋、半腱様筋、半膜様筋《はんまくようきん》、足底筋）があります。それらがしっかりはたらくことで、お尻は上に引き上げられます。

さらに重要な役割を果たすのが、大腰筋と腸骨筋からなる腸腰筋です。これは上半身と下半身をつなぐ筋肉で、大腰筋は背骨の腰椎《ようつい》から骨盤を通り、大腿骨につながっています。また、腸骨筋も骨盤から太ももの骨の内側に向かってついている筋肉です。

この腸腰筋が、骨盤を正しい位置に保つはたらきをしているのです。

腸腰筋が弱くなって、充分にはたらけなくなると、骨盤が前に傾きます。すると、座骨が後ろに傾いてしまい、下腹ポッコリ、お尻ダラ〜リ、という体形になります。

脚の抗重力筋や腸腰筋が、正しく発達して活発にはたらく条件は、股関節にズレやゆがみがなく、骨盤が正しい位置にあることです。すべての関節は連動しているので、まず、股関節を整えることが大切です。

後は抗重力筋にまかせておけばいいのです。**縦に伸びる抗重力筋がお尻をどんどん引き上げてくれて、高い位置にキープ**してくれます。お腹のポッコリも解消されますし、お尻がアップすることで胴は短くなって、上半身と下半身がきれいなバランスになります。

股関節でホルモンバランスを整え、色白美肌に

わたしたちのからだにとってなくてはならないのがホルモンです。ホルモンは100種類以上あるとされますが、さまざまな器官でつくられ、体調を調整する機能を果たしています。

ホルモンのうち**股関節と深くかかわっているのが女性ホルモン**、つまり、エストロゲンとプロゲステロンという2つのホルモンです。これらは卵巣でつくられますが、その卵巣を包むようにして守っているのが骨盤なのです。

骨盤と股関節の関係はもうご存じですね。股関節がズレたりゆがんだりすれば、骨盤も影響を受けてゆがんだり位置がズレたりします。ガード役を果たしている骨盤にそうした支障が起きれば、卵巣は機能が低下することにもなり、ホルモンの分泌の乱れにもつながるのです。

ホルモンバランスが崩れると、自律神経も乱れ、生理不順になったり、疲れやすい、眠れない、のぼせる、手足の冷え、めまい……といった症状があらわれます。また、**肌のトラブルも起こりやすくなる**のです。

色黒や肌荒れの主原因が、関節づまりによって血液、リンパの流れが悪くなることにあるという話はしましたが、ホルモンバランスの崩れもその一因となります。股関節を整え、骨盤を正して、ホルモンバランスを整える。そのことによって、肌トラブルは改善に向かいます。

すなわち、肌荒れが解消される、黒ずんだ肌が白さをとり戻す、といったことが起きるのです。せっかくプロポーションが美しく変わっても、トラブル肌では〝減点〟は否めません。

ウエディングドレスには、美しい肌も必須です。

きれいな肌になって手に入れた美しさに〝加点〟してくださいね。

前肩を直す

キツネ手肩関節ほぐし

肩まわりの関節、筋肉をほぐすことで、前に出やすい肩を整えるストレッチ。
キツネ手をつくることよって、女性らしいやわらかさが実現します。

1

キツネ手をつくり、手を手のひらを下にして、うでを前に伸ばす。反対の手はお腹に。伸ばした手を手のひらを上に向けるようにひっくり返す。右手は時計回りに、左手は反時計回りにひっくり返して戻す、を３回。

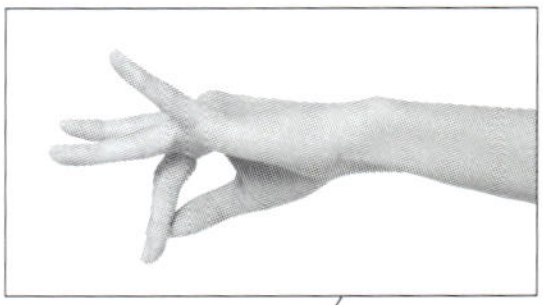

MEMO

手のひらを返すこのストレッチは、腕の筋肉を効果的に伸ばします。内側に入りがちな肩を開き、前肩によく効くほか、二の腕を刺激するので二の腕の引き締めにも効果があります。

2

その手をそのまま真上に伸ばす。手のひらが手前に向くように、右手は時計まわり、左手は反時計まわりにひっくり返して戻す、を３回。

3

その手を手の甲が上を向くようにしてからだの真横に伸ばす。手のひらが真上に向くように、2と同様にひっくり返して戻すを３回。

4

その手を手の甲が上を向くようにしてからだの後ろに伸ばす。手のひらが真上に向くように、同様にひっくり返して戻す、を３回。

5

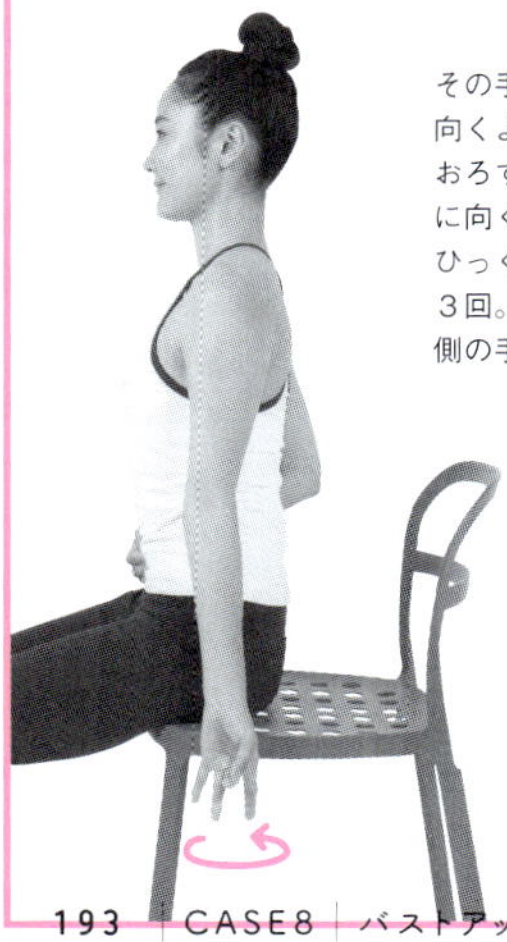

その手を手の甲が前を向くようにして真下におろす。手のひらが前に向くように、同様にひっくり返して戻すを３回。ここまでを反対側の手も同様に。

脚の抗重力筋を伸ばす

脚の縮み伸ばしストレッチ

股関節をほぐして正し、縮みがちな脚の抗重力筋を、
前、横、後ろ、足の底からストレッチしていきます。

1

肩幅より少し広めに脚を開き、足の中指と薬指が正面を向くように立つ。両手はウエストラインに置く。

2

ひざ裏の抗重力筋を伸ばすことを意識して、片方の足の指をすべらせ前に出す。

3

出した指裏を戻したら、今度は「斜め45度前」に出す。人差し指と中指はまっすぐ前を向くように。

MEMO

抗重力筋を鍛える効果が薄れないように、出した脚の足指は、比較的つきやすい親指だけでなく、5本の指すべてで床を押し、ひざ裏の筋肉を縦に伸ばしましょう。

4

もとの位置に戻した指裏を、今度は「真横」に。内ももの筋肉の伸びを意識して。

5

戻した指裏は「斜め45度後ろ」に引き、指裏で床を押してひざ裏の筋肉を縦に伸ばす。

6

指裏をもとに戻して、「真後ろ」へ引いて床を押す。ひざが曲がらないように。脚を戻し、脚を変えて同様に。

念願どおりのウエディングドレス姿を見てもらえて最高に幸せ。疲れなくなって、結婚生活にも自信が……

山下美紀さん（28歳）

50歩チェックの結果

右脚が強く右太ももが前に張り出し、ふくらはぎも太く、左脚にくらべ右ひざが内側寄りになっていました。

AFTER

身長：162cm
体重：48kg
ウエスト：57.5cm
バスト：89cm
右太もも：52cm
左太もも：51.2cm

BEFORE

身長：160.5cm
体重：51kg
ウエスト：67cm
バスト：80cm
右太もも：56cm
左太もも：55.5cm

女性なら誰でも、近づいてくる結婚式の日を、心弾むような気持ちで待つのだと思います。でもわたしは、不安のほうが大きかったのです。プロポーションが欠点だらけで、ウエディングドレスを着こなす自信がなかったからです。

南先生のサロンには母のすすめでうかがったのですが、内心では、「たった2ヵ月で、プロポーションがよくなるなんてほんとうなのかしら？」と半信半疑、というより、むしろ、疑いの思いのほうが強かったかもしれません。

ねこ背にしても、曲がった骨が直るとは考えてもいませんでした。ですから、先生に、「骨は曲がりません。筋肉がゆがんで硬くなっていたり、関節でねじれたりしているだけなんですよ」というご説明を受けて、まず、びっくりしてしまいました。

実際ストレッチを始めると、体形が〝みるみる変わっていく〟という感じでした。背筋がスッと伸びるようになり、下がっていたバストが持ち上がってきたのです。それだけではなく、ふくらみも豊かになったのですから、「すごい！」のひとことです。

また、じつはウエディングドレスを着こなすのに自信がない理由の1つとして、肌荒れがありました。顔や背中など、肌がカサついてしっとりせず、とても気になっていたのです。結婚式では、きれいな肌でウエディングドレスを着たい。それも密かな願いでした。ウエディングドレスは、背中やデコルテなど上半身の肌が出ます。あまりきれいじゃない肌を大勢の前でさらしたくないとの思いからです。

この密かな願い、ストレッチを続けるうちに、いつの間にか叶いました。先生によると、肌荒れは、骨盤が広がって卵巣・子宮のはたらきが悪くなっていたから。股関節を整えて、骨盤がキュッと締まったら自然と肌がきれいになっていったのです。

太めだった下半身も、縦に伸びる筋肉のストレッチをやったおかげで、スッキリしてきて、お尻の位置が高くなりました。自分で思っていたプロポーションの欠点が、1つひとつ、確実に改善されていくのが、うれしくてしかたがありませんでした。

結婚式当日は、思いどおりにウエディングドレスを着こなせたと思っています。それをみなさんに見てもらえて最高に幸せでした。

まとめ

たった2ヵ月でしたが、肋骨を上げ、肩甲骨を下げるストレッチを重点的におこなってもらい、見事に変わりました。その姿に拍手を送らずにはいられませんでした。

CASE 9

自分に自信がありません。人生を変えたいです

林美加さん（33歳）

林さん 33歳
自分に自信がありません……
人生を変えたいです……
ずどーーーん
これはまたハードな…
サダコさん…?
朝スッキリ起きられたことがないんです
睡眠中に寝返りは打ってる?
たぶんあんまり動いてないと思います…
寝返りってそんなに大事なんですか?
寝返りを打つことで起きてる間に負担がかかってる関節や骨の調整をおこない内臓の回復をはかってるのよ
調整中
スッキリ!!
体にゆがみやねじれがあると自律神経にも影響が出て神経伝達がうまくできず寝返りが打てない
じーー…っ

だから
疲れもとれず
スッキリ
起きられないの
スッキリ
起きられないのは
自分の意志が
弱いんだと
思ってました……
自分を責めたり
悩みグセのある人は
前かがみの姿勢が
多いから
体は曲がったり
ゆがんだりしてくる
はあ…
肩コリ
首コリ
悩んで
前かがみ
気分も
すぐれない
そうすると
首こりや肩こりで
気分もすぐれず
さらに
姿勢が悪くなり
コリを悪化させる
……
という悪循環に
つながるの
股関節を整え
姿勢が正しくなり
疲れにくい
体になれば
不思議なほど
元気になって
メンタルも
強くなるの
自信に
満ちあふれて
自分らしく
輝けるわよ！
体と心は
つながってるんですね

疲れたからだは寝返りしない

からだに不調がある人、より正確にいえば、**関節や骨格、筋肉にズレや曲がり、ねじれがあって、からだのさまざまな部分にコリや痛みなどが起きている人は、メンタル的にも問題を抱えていることが多い**ものです。

ここではそんなケースを見ていきたいと思いますが、その前にみなさんに知っておいていただきたいことがあります。

ふつう睡眠中には誰でも寝返りを打っています。なぜ、寝返りを打つのでしょう。

「寝苦しいから？」。

そうではありません。**寝返りを打つことによって、起きている間に負担がかかっている関節や骨の調整をおこない、内臓の回復をはかっている**のです。

自律神経が正しくはたらいていれば、神経伝達もスムーズで、寝返りによるその調整、回復がおこなわれますから、疲れもとれてスッキリと目覚める朝が迎えられるわけです。

ところが、からだにゆがみやねじれがあると、自律神経にも影響が出て、神経伝達がうまくおこなわれません。そのため、寝返りしない人が多いのです。

関節や骨も、また、内臓も調整、回復されないまま朝を迎えるのですから、疲れもとれず、スッキリ起きられなくて当然。疲れは蓄積されていきますし、気分が滅入った日が続くことにもなるのです。

ときにはそれが自分を責めることにもつながります。朝、スッキリした気分になったことがないという立川さん（前出）は、こうおっしゃっていました。

「スッキリしないのは、わたしがやる気がなく、意志が弱いからなのだ、と思ってしまっていました」

悩みグセがある人はからだがゆがんでいる

人の性格、気質といったものはそれこそ千差万別ですから、なかには何ごとにつけても考え込んでしまう人、ちょっとしたことを悩んでしまう人もいます。

林さん（前出）は、少し年上のお姉さまにひけめを感じ、自分に自信を失い、強迫観念のようなものにとらわれて、食事も喉を通らない状態だったといいます。悩みが深くなると、摂食障害になったり、うつ気味の症状が出たりする人は、けっして少なくはありません。

すぐに悩んでしまう人は、からだが曲がったり、ゆがんだりしていることが多いのです。

悩むときの姿勢を考えてみてください。オーギュスト・ロダンの「考える人」の彫像でもわかりますが、頭も首も前に傾き、肩も前のめりになり、背中が丸まった姿勢になっていますね。

これが〝悩みの姿勢〟です。背筋をスッと伸ばし、胸を張って悩む人はいません。つまり、**悩みグセがある人は、前かがみの姿勢になっていることが多い**のです。当然、からだは曲がったり、ゆがんだりしてきます。

からだの曲がりやゆがみは、さまざまな症状を引き起こします。林さんは首こり、肩こりがひどかったといいますし、大山さん（29歳）、立川さんは、首が痛くてまわらないほどだった、と訴えていらっしゃいました。

林さんは首も背骨も前傾になっているだけではなく、左右への曲がりや回旋《かいせん》（側湾症）もありましたし、大山さんにも同じような背骨のゆがみが見られました。

前傾姿勢で、背骨にねじれがあれば、気分はすぐれません。それがさらなる姿勢の悪さ（前傾）につながり、コリや痛みの症状を悪化させ、メンタルにも影響する。すなわち、精神的な不安定さを増幅《ぞうふく》させるのです。

また、すでにお話ししたように、からだがゆがんでいると対流（血液やリンパの流れ）が悪くなりますから、黒ずみや肌荒れといった肌のトラブルもついてまわります。そのことも女性にはメンタル面でのダメージになりそうです。

悩むからからだがゆがむともいえますし、からだがゆがむから悩むともいえます。そして、深まった悩みがからだのゆがみをさらに進ませる。そんな悩みのスパイラルの図式が当てはまります。

からだのゆがみ、曲がり、回旋は、じつは顔やからだを見ただけでわかります。目の高さや肩の高さ、腰の高さが左右で違っているからです。

あなたはいかがですか？

ためしに次のページの「からだのゆがみチェック」と207〜208ページの「診断結果」でチェックしてみてください。あなたの悩みグセ、からだを変えることで、解消されるかもしれません。

からだのゆがみチェック

からだのゆがみはじつは顔のパーツの位置、肩の位置、腰骨の位置にあらわれます。
当てはまる箇所にチェックを入れてください。
正しい状態なら、すべての項目で「C」にチェックがつくはずです。

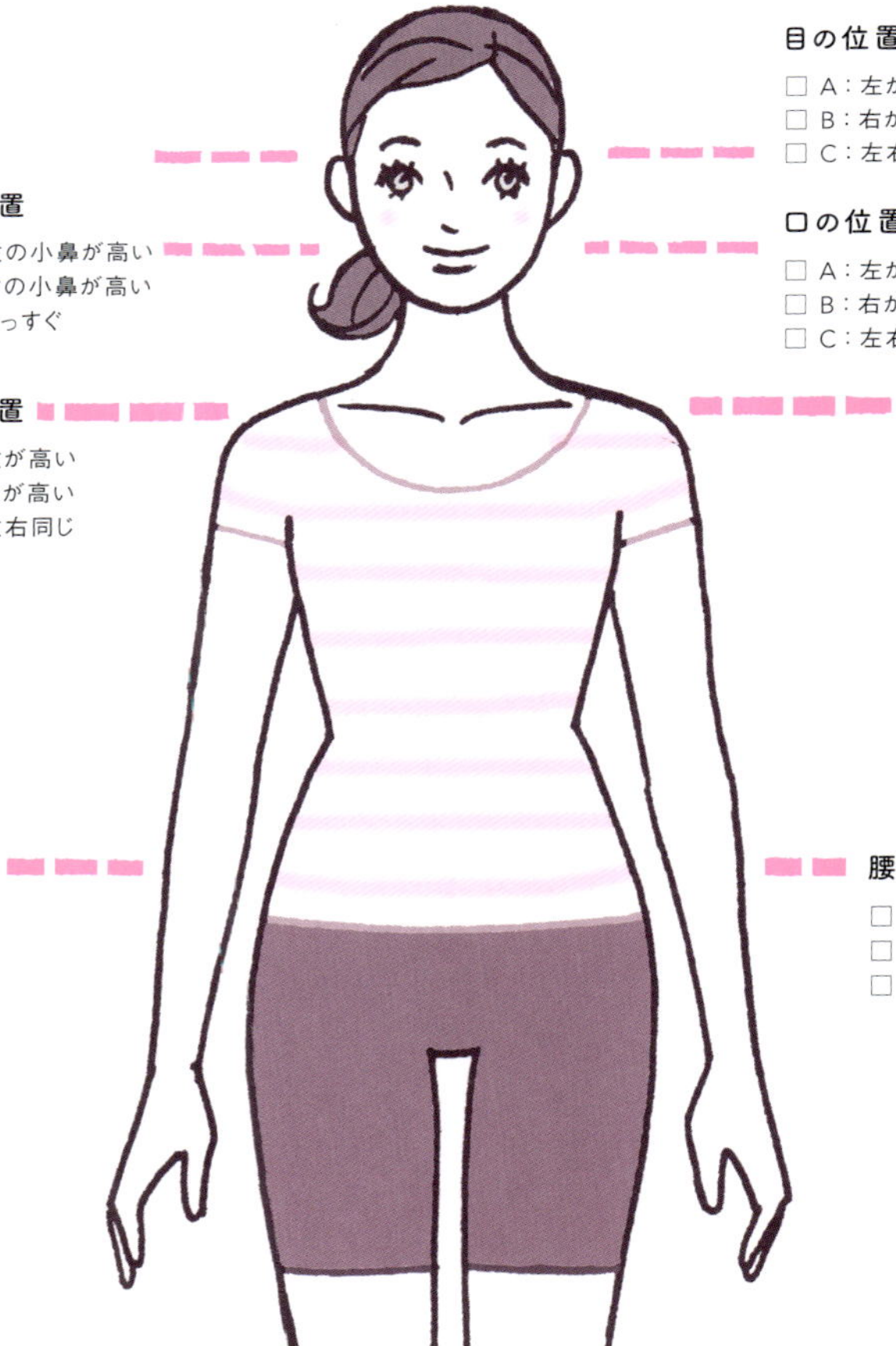

目の位置

- □ A：左が高い
- □ B：右が高い
- □ C：左右同じ

鼻の位置

- □ A：左の小鼻が高い
- □ B：右の小鼻が高い
- □ C：まっすぐ

口の位置

- □ A：左が高い
- □ B：右が高い
- □ C：左右同じ

肩の位置

- □ A：左が高い
- □ B：右が高い
- □ C：左右同じ

腰骨の位置

- □ A：左が高い
- □ B：右が高い
- □ C：左右同じ

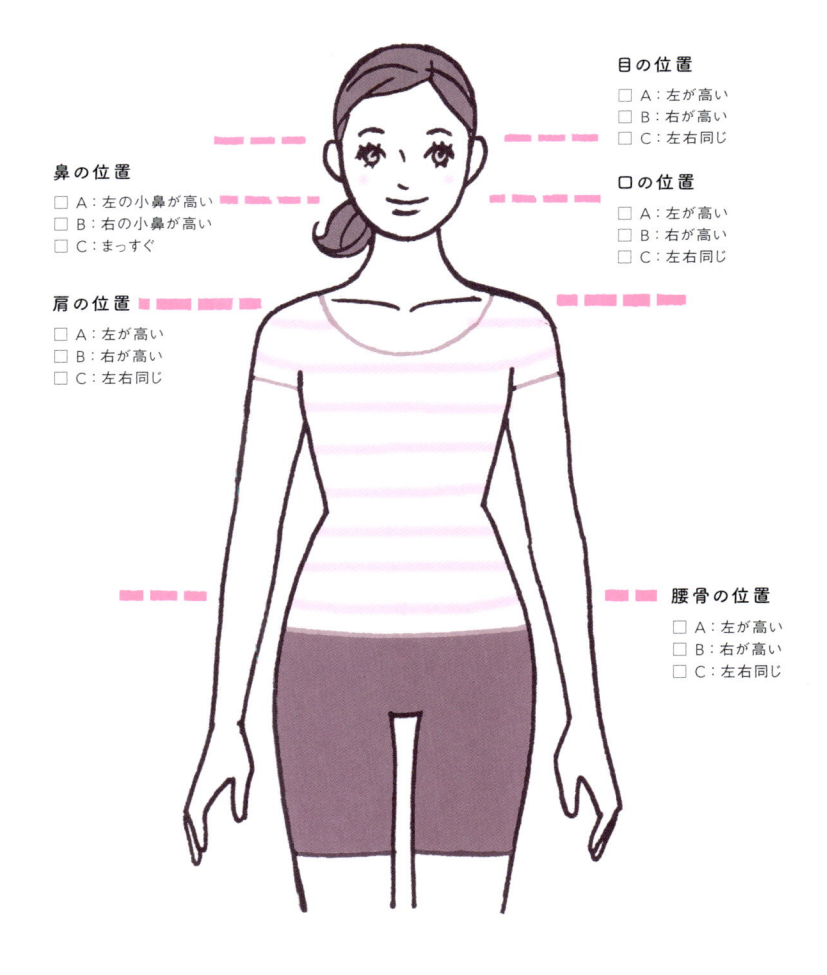

診断結果【傾き型】

右傾きタイプ

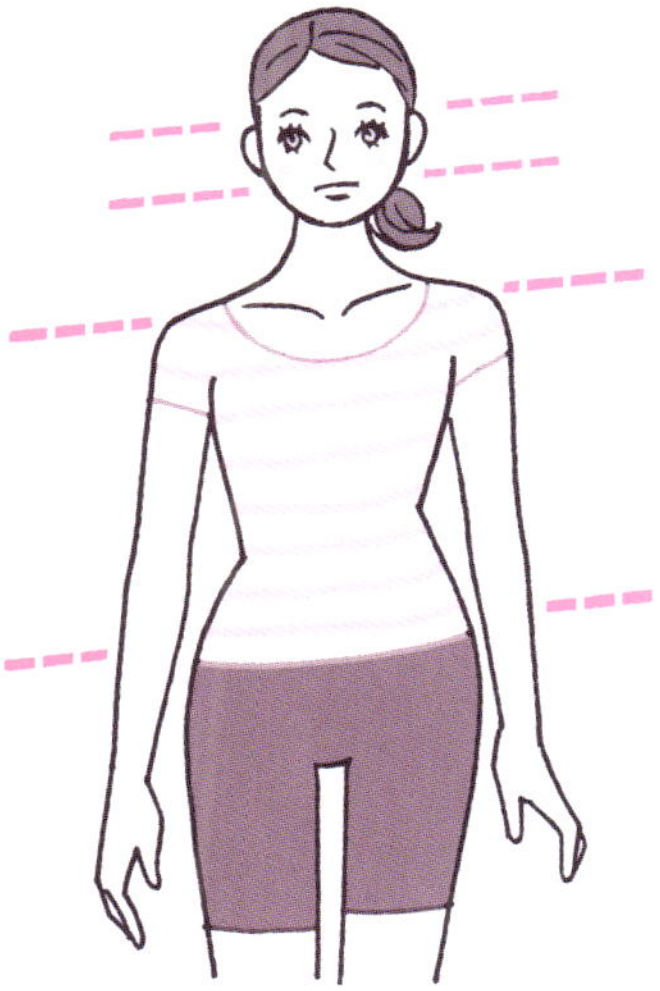

目
☑ A
☐ B
☐ C

鼻
☑ A
☐ B
☐ C

口
☑ A
☐ B
☐ C

肩
☑ A
☐ B
☐ C

腰骨
☑ A
☐ B
☐ C

左傾きタイプ

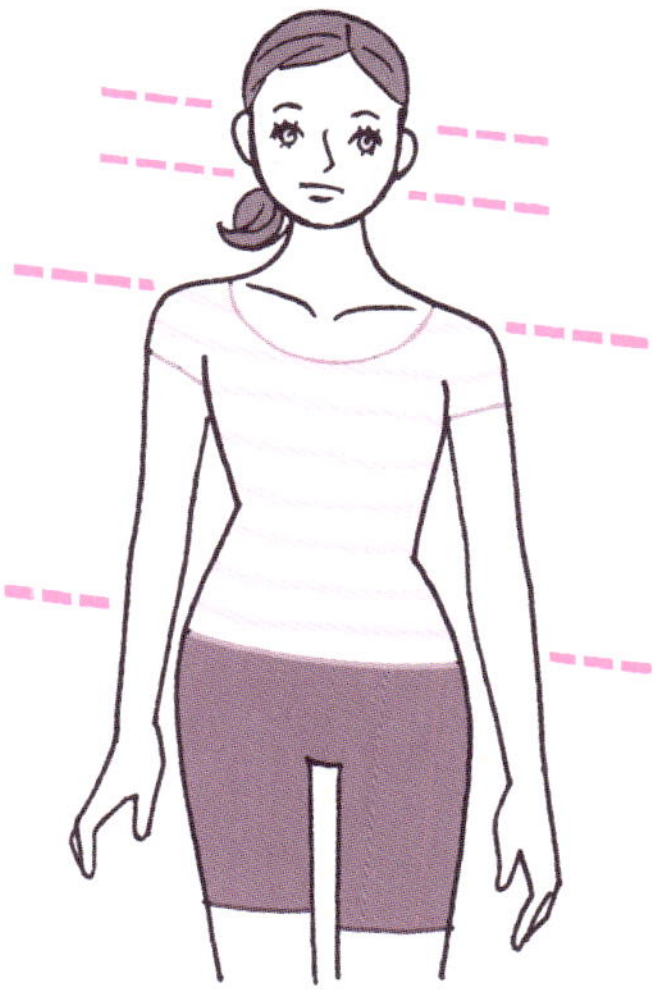

目
☐ A
☑ B
☐ C

鼻
☐ A
☑ B
☐ C

口
☐ A
☑ B
☐ C

肩
☐ A
☑ B
☐ C

腰骨
☐ A
☑ B
☐ C

目、小鼻、口、肩、腰骨のどこも右が高い場合は、からだの左側が下がり気味の「**左傾きタイプ**」です。逆にすべて左が高い場合は、からだの右側が下がり気味の「**右傾きタイプ**」。傾き型の人は**背骨が2箇所で大きくゆがんでいる**と考えられます。

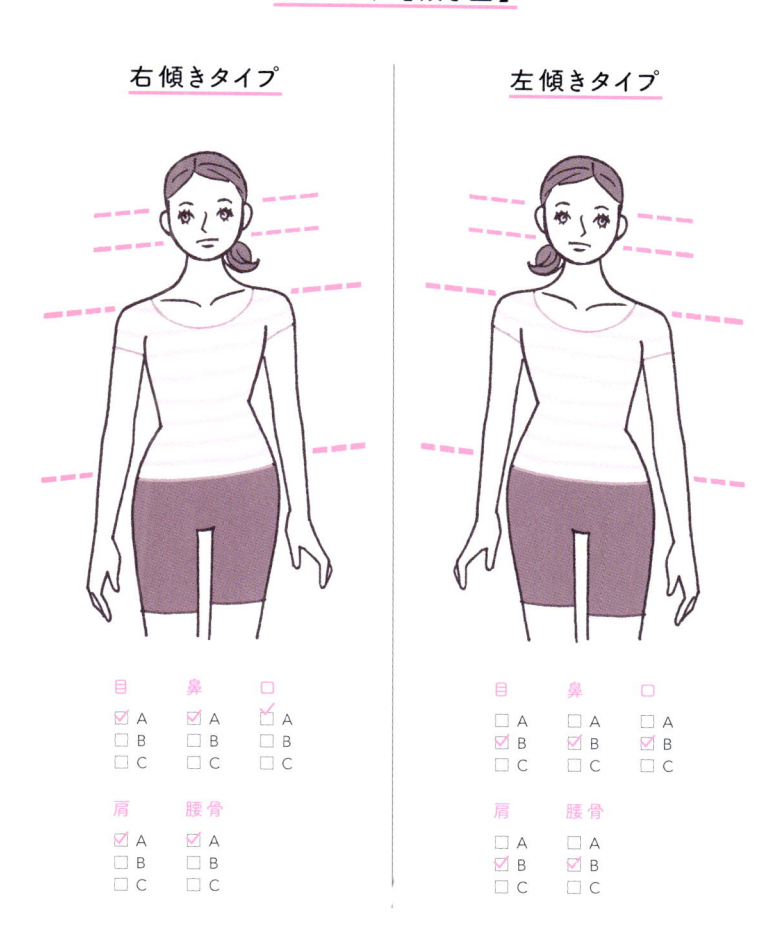

診断結果【ねじれ型】

右ねじれタイプ

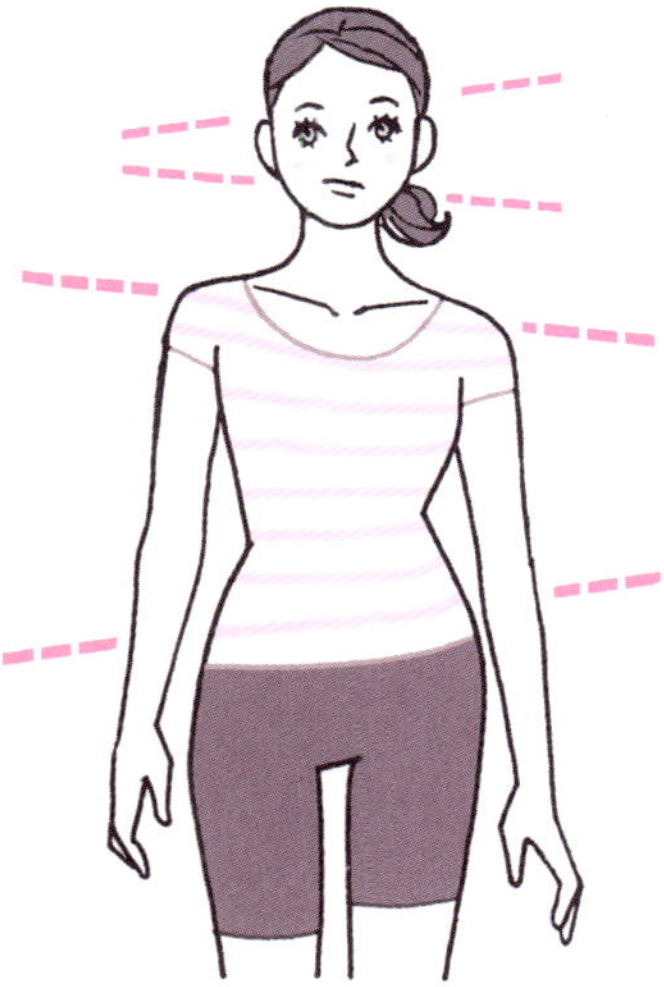

目
- ☑ A
- ☐ B
- ☐ C

鼻
- ☐ A
- ☑ B
- ☐ C

口
- ☐ A
- ☑ B
- ☐ C

肩
- ☐ A
- ☑ B
- ☐ C

腰骨
- ☑ A
- ☐ B
- ☐ C

左ねじれタイプ

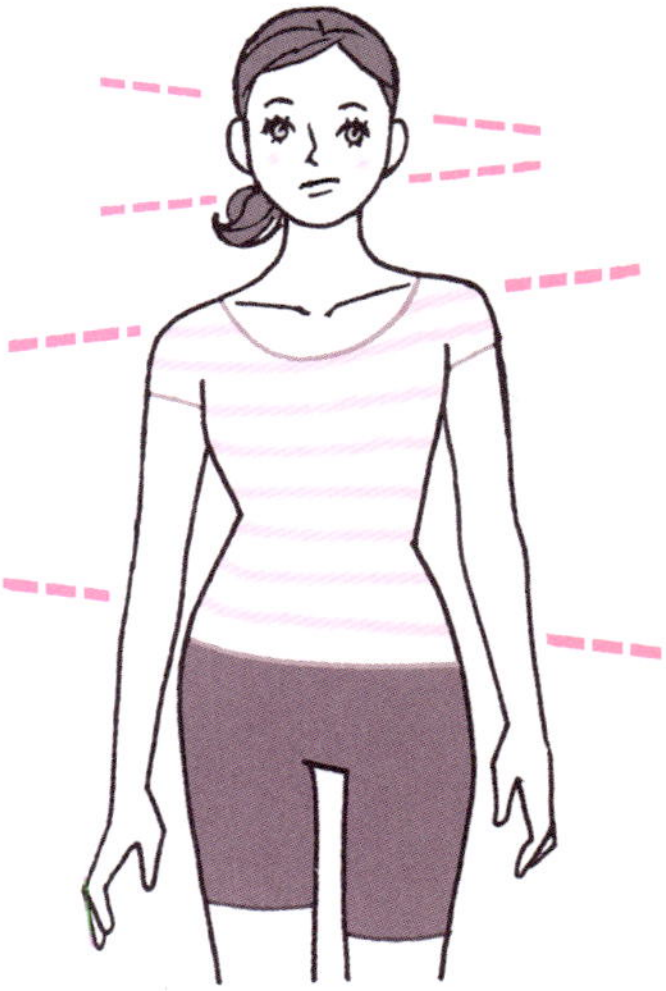

目
- ☐ A
- ☑ B
- ☐ C

鼻
- ☑ A
- ☐ B
- ☐ C

口
- ☑ A
- ☐ B
- ☐ C

肩
- ☑ A
- ☐ B
- ☐ C

腰骨
- ☐ A
- ☑ B
- ☐ C

目は右、口と小鼻は左が高く、肩は左、腰骨は右が高い場合は、「**左ねじれタイプ**」。目は左、口と小鼻は右が高く、肩は右、腰骨は左が高い場合は「**右ねじれタイプ**」。ねじれ型の人は、背骨の椎関節がねじれているため、各パーツの高さがバラバラになるのが特徴です。**背骨は3箇所で大きくズレている**と考えられます。

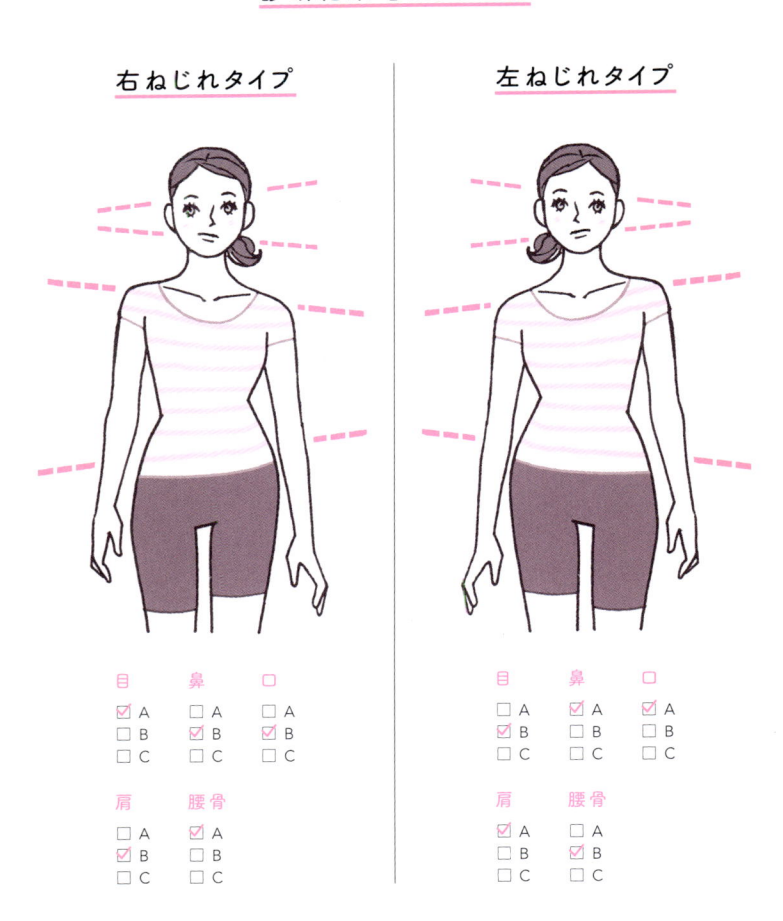

背骨のねじれは、偏頭痛・めまい・疲れにつながる

首や背骨のゆがみ、ねじれは片頭痛にもつながります。頭の片側（両側のこともありますが、ズキンズキンと脈を打つように痛み、吐き気をともなうこともあるのが片頭痛ですが、この症状を訴えていたのが立川さんでした。

症状が出れば、仕事や家事も手につかないでしょうし、気持ちも塞《ふさ》いでしまうなど、メンタル面でも影響が出るのは、容易に想像がつくところです。

めまいも起きやすい症状です。わたしたちの平衡感覚を司《つかさど》っているのは耳のなかの三半規管ですが、そこで重要な役割を担っているのが三半規管の隣の耳石器という部分にある耳石です。

わたしたちがからだを動かすと、その動きに合わせて耳石が移動し、耳石の動きで脳は平衡感覚を保とうとするのです。ところが、この耳石が剝《は》がれて三半規管に入り込むことがあります。すると、三半規管が異常をきたし、めまいを引き起こすのです。

医学的に正確なところはわかりませんが、**首が曲がっていると、三半規管の位置もズレ、耳石が剝がれやすくなって、めまいにつながっていく**のだと思います。動体視

力も悪くなり、脳はいつもそれを調整しようとするため、疲れが出たりします。

片頭痛にみまわれたり、めまいが起きたりする1日がどのようなものであるかは明らかでしょう。1日の終わりにどっと疲れを感じる。疲労感はやる気や元気を著《いちじる》しく削《そ》ぐものですから、気持ちはしぼみ、自分に自信が持てなくなる、という流れは必然といっていいのかもしれません。

また、姿勢が前かがみになっていると、胸郭《きょうかく》（肋骨、胸椎《きょうつい》、胸骨からなる胸部の骨格）が圧迫されます。胸郭のなかに位置している**肺も圧迫を受けるわけです。ですから、呼吸がうまくいかなくなる。**深く呼吸することができず、浅い呼吸になってしまうのです。

わたしたちは呼吸によって酸素を体内にとり込み、とり込まれた酸素は血液の赤血球と結合して全身の細胞に送られます。細胞は酸素によってエネルギーを生み出し、活性化します。

呼吸が浅いということは酸素を充分にとり込めないということですから、細胞はいわゆる〝酸欠〟状態になるわけです。その結果、エネルギー不足、活力不足となる。

そう、**呼吸が浅い人は元気が出ない**のです。

背骨が立ち上がるとともに自信がついていく

前かがみの姿勢になっている人は首や背骨の骨が曲がっています。それを正すことがそのまま姿勢を正すことになるわけですが、骨の周囲の筋肉は硬くなっていますから、順序立ててアプローチすることが必要です。

首がまわらないような状態であったら、まず、その筋肉をほぐすことから始めます。それも**頭の重さがかからないように、寝た状態でのストレッチ**です。

首、背骨の曲がりは骨盤、股関節、ひざ関節などのズレやゆがみもともないます。

そこで、関節の要である股関節を中心に、問題箇所をすべて正し、整えていきます。ズレやゆがみは連動して起きますが、それは整うときも連動して整っていくということ。**股関節が整えば、ひざ関節も、さらに背骨も首も整う、という具合によい連鎖がもたらされる**のです。

関節が整い、骨の位置が正しくなれば、筋肉、とくに姿勢を保ち、美しいプロポーションをつくっていくうえで重要な抗重力筋もはたらくようになります。ゆがみやズレで硬くなったり、縮こまっていた筋肉が、ほぐれて、伸びるようになるのです。

筋肉にストレッチで刺激を与えることで、筋肉の〝質〟はどんどんよくなります。正しいS字カーブを描きながら、スッと立ち上がった背骨になる条件が満たされていくのです。

もちろん、連鎖によって他の箇所の問題も解消されます。

体形が変わり、姿勢が正しいものになると、それまでとは〝景色〟が違ってきます。前かがみだったときは、うつむきがちで視線も下に向けられていたでしょう。それがまっすぐ前を見据える視線に変わるのですから、視界に入ってくるものが違って当然ですね。

体形の変化を実現した人がよくおっしゃるのが、「目力が出てきた」ということです。これは骨格的にも説明できること。頭がい骨は首の骨とつながっていますから、背骨も首もまっすぐに伸びると、頭がい骨が斜め後ろに動くのです。

すると、アイホールが広がり、目がはっきりして力を感じさせるようになるのです。目力は自信をあらわすものといってもいいでしょう。

実際、痛みやこりがとれ、疲れないからだになれば、気分が晴れ晴れしますし、活力もみなぎってきます。どれもが自信につながるファクターではありませんか。

見かけの目力だけではなく、メンタルな部分でもこころの力が増してくる。それまで自信を覆い隠していたものが、薄皮を剥がすように1枚ずつ剥がれていき、こころが自信で満ち満ちてくるようになるのです。

人生を切り拓いていく原動力は、なんといっても自分に対する信頼と自信です。

それが整ったら、自分らしく、いきいきと生きられる。

これは、これまで12万人の方のすばらしい〝変化〟に寄り添ってきた、わたしの経験からの確信です。

胸を広げ酸素をたっぷりと

脚伸ばし呼吸

こころにも影響をおよぼす抗重力筋の衰えを、ゆっくりと整える呼吸法です。
脚を使うことで胸が広がり、酸素をたっぷりとりこめます。

1

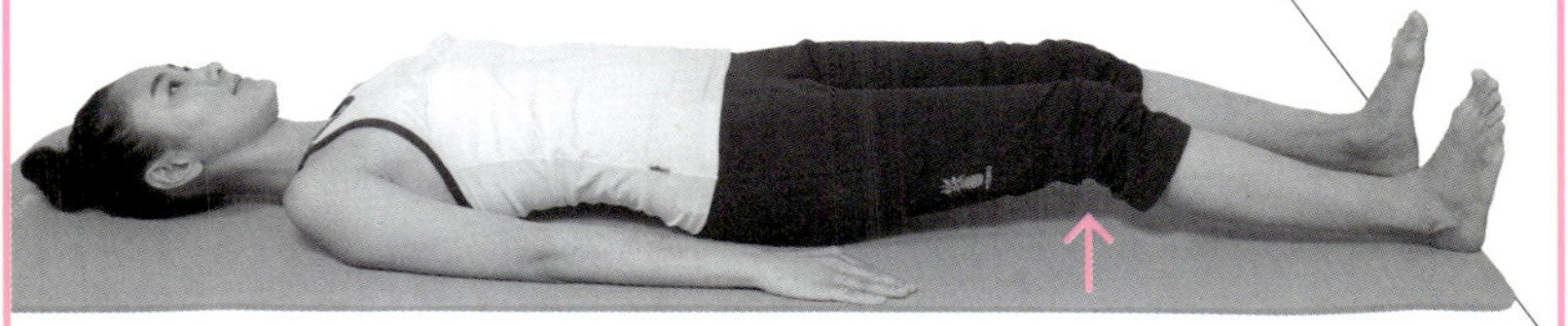

壁にぺたりと両足の裏をつけて、両ひざを軽く曲げて座った姿勢から、あお向けに寝る。

2

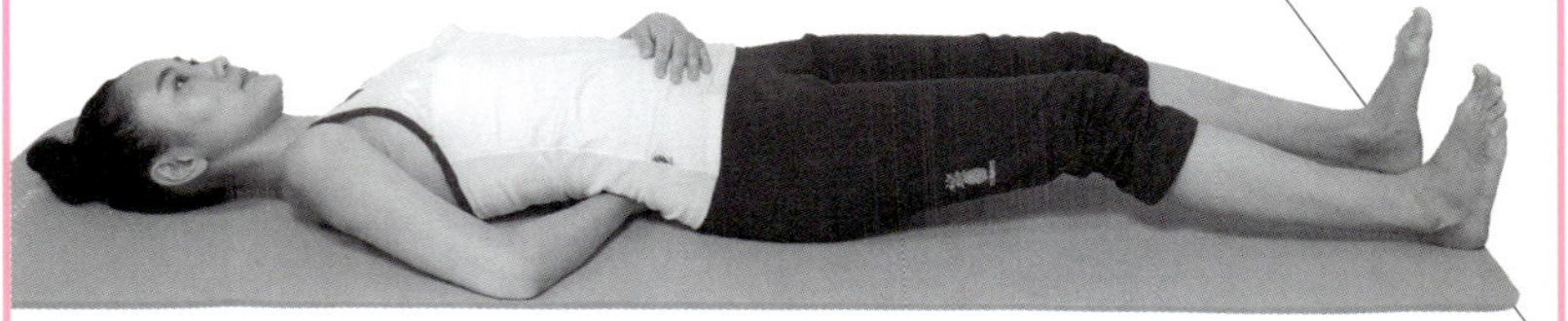

どちらかを軸脚と決め、軸脚側の手はお腹の上に、おこなう側の手は手のひらを床につける向きで背中に入れる。

ゆっくりと呼吸しながら、抗重力筋を鍛え、お腹を凹ませ、胸を広げる。単純に見えるかもしれませんが、じつはとても効果的なストレッチです。疲れているときでも無理なくおこなえます。

MEMO

3

この体勢から、おこなう側の脚を少しずつ立てていく。背中が浮かないよう、お腹が出ないよう手で確認。

4

軸脚を伸ばして壁を押し、その力を使って息を吐く。吐くときは首を伸ばして頭を上げ、後ろに吐く。お腹を引っ込めて肺を広げておこなう。反対の脚も同様に。

からだが変わったら、こころが変わりました。まるで別の世界が広がったかのよう。人生がこんなに楽しいなんて。

林美加さん（33歳）

50歩チェックの結果
左脚が強く、細いわりには
足音が出る歩き方でした。
ひざが曲がり、足首もゆが
んで硬くなっていました。

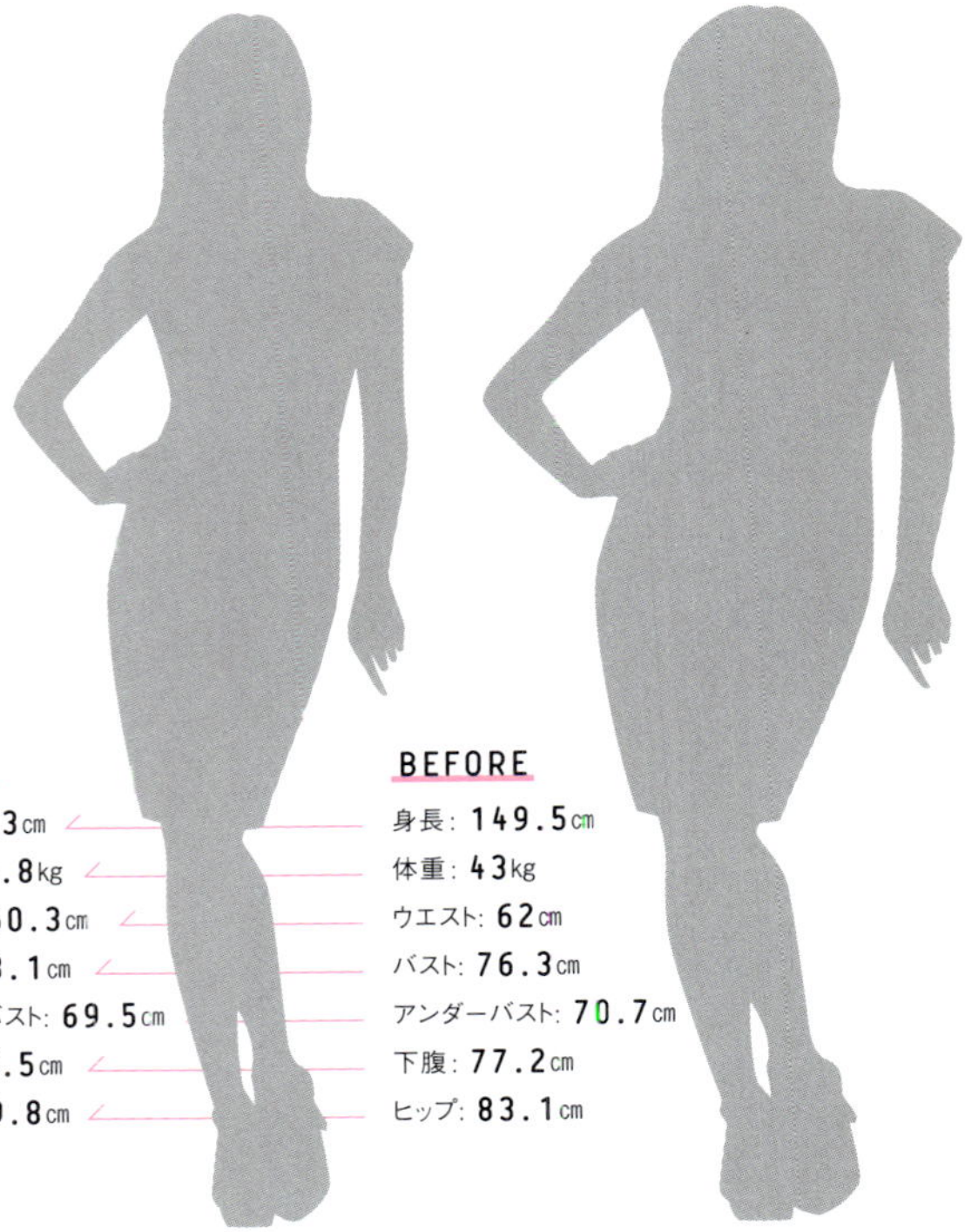

BEFORE

身長：149.5cm
体重：43kg
ウエスト：62cm
バスト：76.3cm
アンダーバスト：70.7cm
下腹：77.2cm
ヒップ：83.1cm

AFTER

身長：153cm
体重：43.8kg
ウエスト：60.3cm
バスト：78.1cm
アンダーバスト：69.5cm
下腹：73.5cm
ヒップ：79.8cm

こころもからだもボロボロ。けっして大袈裟ではなく、そんな状態が長く続いていたのです。救いを求めてこころの問題をケアするクリニックに通ったこともありましたが、改善することはありませんでした。

首や肩のコリも耐えられないほどひどくなり、自分でも「からだが曲がっているからこんなことになっているのでは？」と思い始めたときに、南先生の本に出会ったのです。早速、本で紹介されていたストレッチを実践。すると、コリがやわらぎ、首も肩もずっとラクになりました。

先生の指導で根本から直したい。そんな思いでサロンを訪ねたのです。2ヵ月後にはコリがまったくなくなり、体調がそれまで感じたことがないほどよくなったのですが、それ以上に驚いたのが気持ちの変化でした。

小さなことを気に病み、塞《ふさ》ぎ込んで、食事も喉を通らないようになっていた自分が、どんなことでも前向きに考えられるようになったのです。つらいことがあっても、「ま、いっか！」と受けとめられる。

それまでは悪いほうへ悪いほうへと考え、ペシャンコになっていたこころが、シャキッとして気持ちの負担になることでも跳ね返せるようになったのです。そんな自分に自信を感じられるようにもなっています。

頑固な便秘も解消されて、朝からさわやかな気分で1日が過ごせます。スッキリ起きられず、便通もなくて身心ともにモヤモヤしていたそれまでとはまったく違った毎日。自然に元気が湧いてきますし、がんばりもきくようになりました。

〝まさか!?〟と思いもよらないことが現実になりました。150センチだった身長がなんと153センチになったのです。小柄なわたしですから、3センチも背が高くなると、世界が広がった感じ、そして、こころまで広がった感じがするのです。そのことも、前向きに考えられるようになった1つの要因のような気がしています。

ボロボロ状態から完全に脱して、いまは「こころもからだもピカピカ」。人生、思いきり楽しんで生きたいと思っています。

まとめ

こころとからだは切っても切れない関係にあります。考え込む人はあえて、からだのボディラインに目を向けましょう。からだのゆがみを直すと、こころも立ち直ります。

こんなに変わった！ BEFORE ⇒ AFTER 写真

*ウエストが17cmも細くなりました！（34歳）

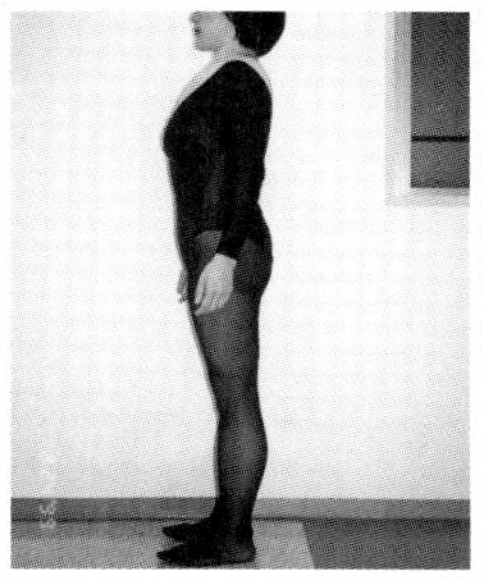

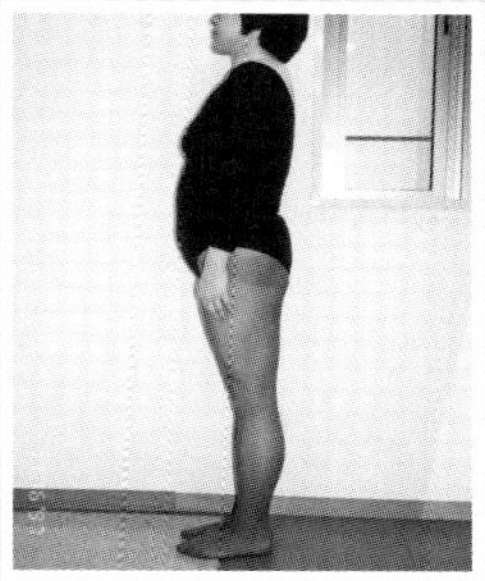

AFTER	BEFORE
身長：153.6cm	身長：152.4cm
体重：55kg	体重：62kg
ウエスト：64cm	ウエスト：81.2cm
ヒップ：88cm	ヒップ：95.5cm
太もも：49.5cm	太もも：53.5cm
ふくらはぎ：35cm	ふくらはぎ：38cm

*ぽっこりお腹だったのに17・3cmも凹んだ！（29歳）

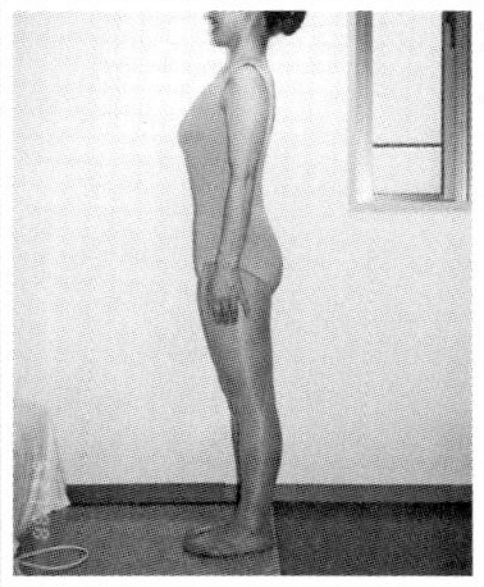

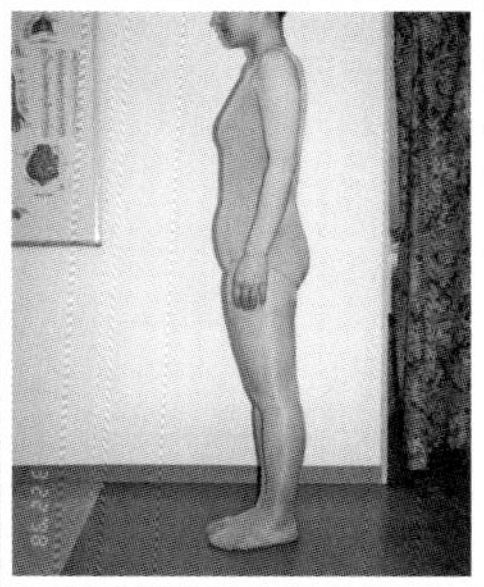

AFTER	BEFORE
身長：158.5cm	身長：157.2cm
体重：47.8kg	体重：52.6kg
ウエスエト：58cm	ウエスト：65.2cm
下腹：64.7cm	下腹：82cm
太もも：51.2cm	太もも：55.4cm
ふくらはぎ：36.8cm	ふくらはぎ：39.2cm
足首：21cm	下腹：23.5cm

*腰痛がなくなりバストのカップがアップ！（25歳）

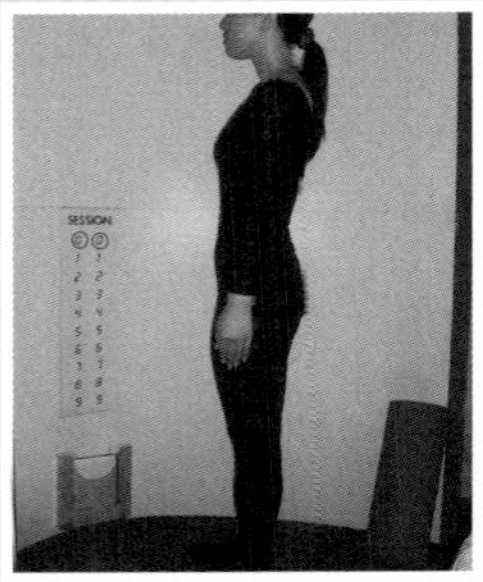

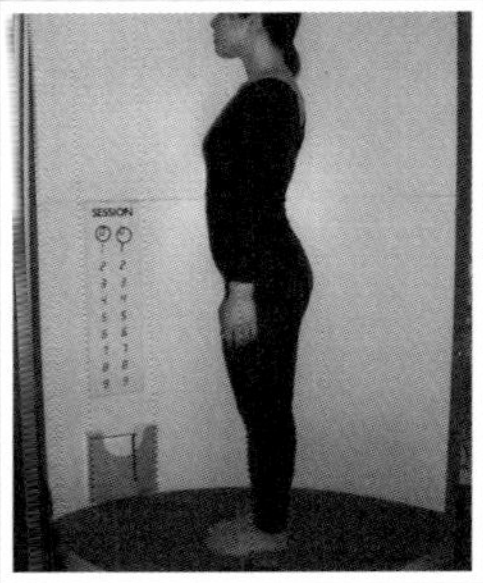

	AFTER	BEFORE
身長	154cm	152.3cm
体重	48kg	49.1kg
ウエスト	62cm	63.5cm
下腹	73.5cm	77cm
バスト	85.4cm	80.5cm
太もも	49cm	49.8cm

*13号だったのに、9号がブカブカに！（38歳）

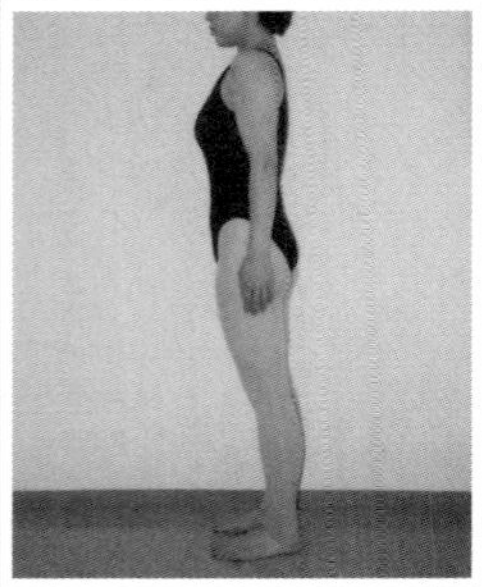

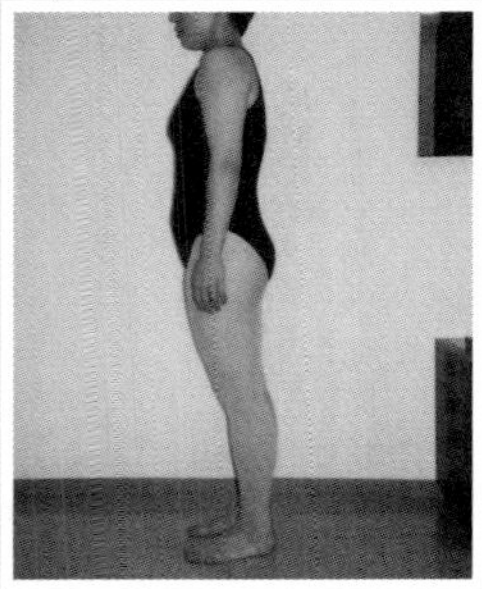

	AFTER	BEFORE
ウエスト	59cm	68cm
下腹	78.2cm	86.5cm
バスト	86.2cm	88cm
アンダーバスト	74cm	84cm
右太もも	47.7cm	55.5cm
左太もも	47.7cm	54.3cm
ヒップ	88.3cm	92.5cm

こんなに変わった！ BEFORE ⇒ AFTER 写真

*O脚がなおって左右のふくらはぎがついた！（32歳）

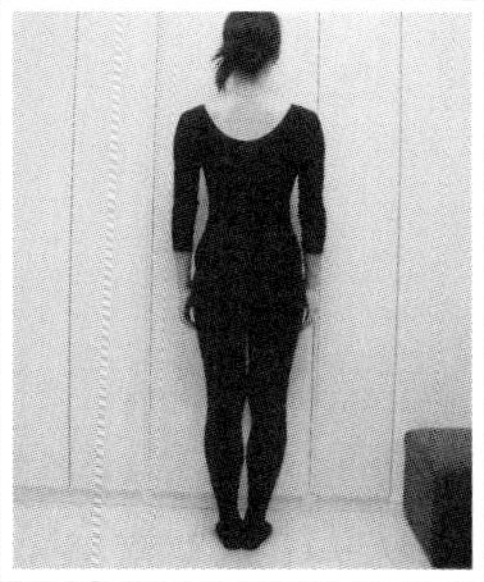

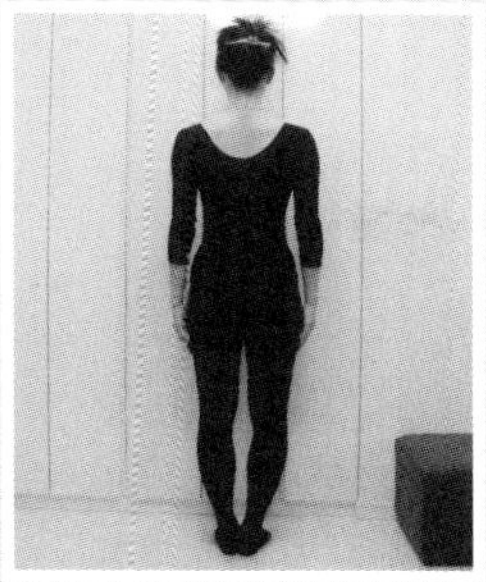

AFTER	BEFORE
身長：151.3cm	身長：149.1cm
体重：43kg	体重：43.7kg
ウエスト：58cm	ウエスト：60.1cm
バスト：79.9cm	バスト：78.9cm
ヒップ：84.5cm	ヒップ：83.8cm
太もも：44cm	太もも：44.3cm

*3ヵ月でXO脚が改善しました！（32歳）

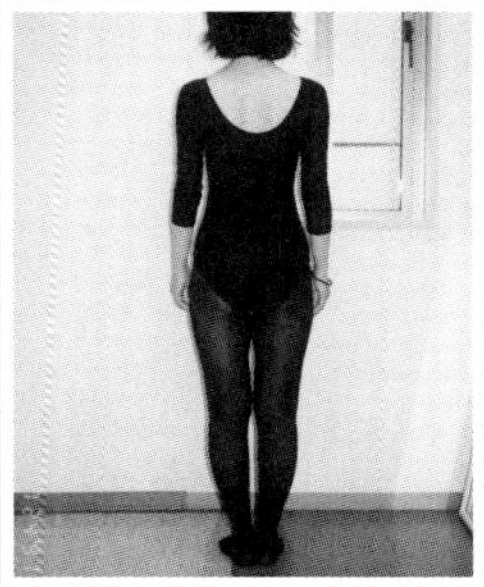

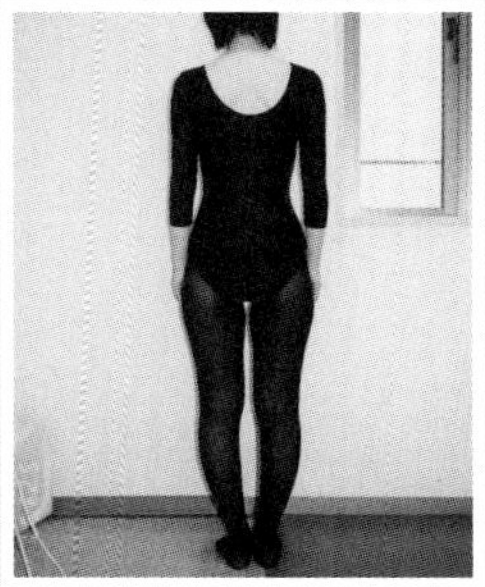

AFTER	BEFORE
身長：160.2cm	身長：158.2cm
体重：48.7kg	体重：55.8kg
ウエスト：60.3cm	ウエスト：67.1cm
バスト：87.7cm	バスト：85.2cm
ヒップ：89.3cm	ヒップ：90.6cm
太もも：49.6cm	太もも：53.5cm

＊2ヵ月でウエストがマイナス10㎝！（28歳）

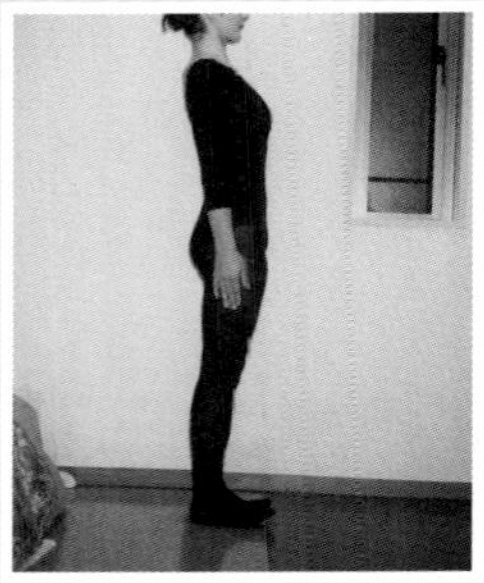

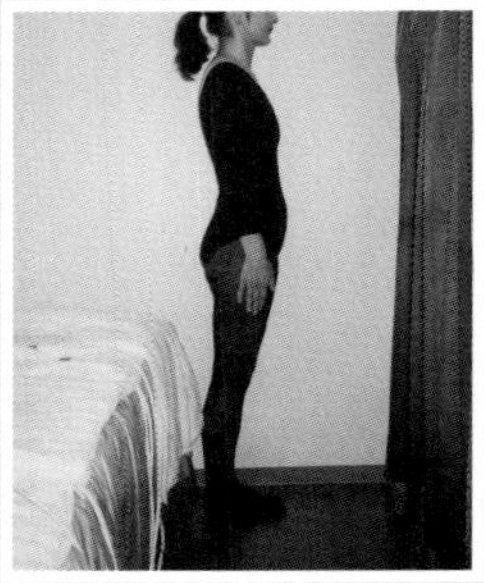

AFTER	BEFORE
身長：162㎝	身長：160.5㎝
体重：48kg	体重：51kg
ウエスト：57.5㎝	ウエスト：67㎝
バスト：89㎝	バスト：80㎝
右太もも：52㎝	右太もも：56㎝
左太もも：51.2㎝	左太もも：55.5㎝
足首：20㎝	足首：23.8㎝

＊この齢でくびれができるなんて！（60歳）

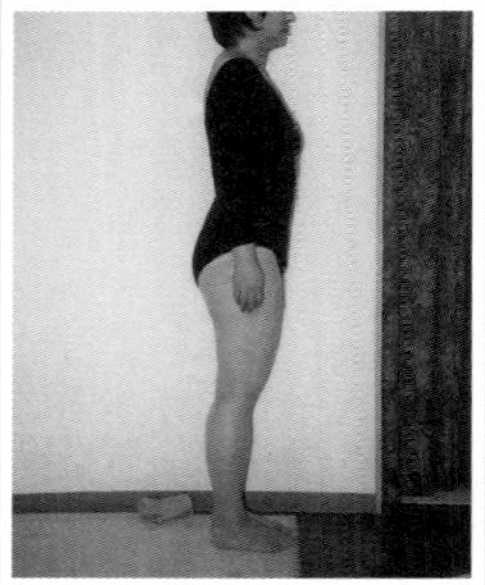

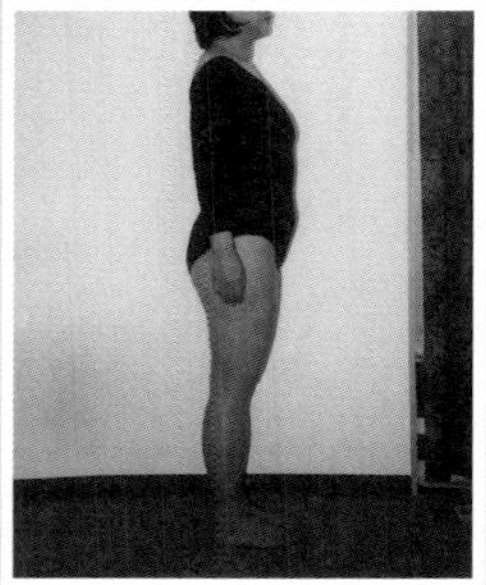

AFTER	BEFORE
身長：157.9㎝	身長：156.4㎝
体重：52.8kg	体重：61kg
ウエスト：70㎝	ウエスト：80.3㎝
バスト：90.3㎝	バスト：92㎝
ヒップ：91㎝	ヒップ：95㎝
右太もも：52.3㎝	右太もも：56㎝
左太もも：52㎝	左太もも：55.3㎝

おわりに

本書を手にとっていただき、ありがとうございました。
ストレッチをやってみて、いかがでしたか？
からだが喜んでいませんか？
一見、単純に思えるストレッチですが、
やってみるととても効果があるのがわかるはずです。
筋肉を鍛えていても、関節が柔軟でないと、
難しく感じられた方も多いのではないでしょうか？
雑誌の取材でモデルをしていただいたタレントさんも
「正直、ちょっと地味ね？　って思ったけど、すごく変わるのね！」
と驚かれていました。
全身がスカッと軽くなり、背筋がピンと伸びて、

ボディラインが引き締まったとの感想をくださいました。

老若男女を問わず「健やかで、美しく」と願う人々は、急速に増えつつあります。
これまでわたしは、50年という美容家としての歩みのなかで、
12万人以上の方々を指導し、施術をしてきましたが、
最近、みなさん総じてお若いのです。
人生100年がめずらしくない時代です。
人生設計をもう一度考えられる、
そんな時代がやってくるなんて、思ってもみませんでした。
そんななかでも人それぞれに、さまざまな悩みや問題を抱えて生きています。
それらの方々に寄り添い、集大成したものを本書で展開させていただきました。

どんな方でも、何歳からでも、からだは美しく変わります。
それは、多くのみなさまの変化を、
目で見て確信した事実です。

ぜひみなさまにも、変化を体感していただけたらと願っています。

最後に、この本の発刊にあたり、
体験談を惜しみなくお寄せくださったみなさま、
わたしの美容人生の中で出会った12万人のみなさまに、
心より感謝申し上げます。
実際経験されたみなさまの声をまとめて、
出版というかたちでお伝えできることは、たいへん光栄なことです。
また刊行にあたり、15年以上もＧＡＩＡメソッドを
ご理解、ご指示して支えてくださった方々に、重ねてお礼申し上げます。

ガイア　南　雅子

南 雅子（みなみ まさこ）

整体エステ「ガイア」主宰。エステティシャンとして活躍後、「美しい髪と肌はからだの健康あってこそつくられ、美容と健康はイコールの関係」と一念発起し、カイロプラクティック・整体師の資格を取得。現在、オリジナルに開発した「姿勢矯正」や「ストレッチ」など健康で機能的なからだづくりのための施術・指導をおこなっている。12万人以上を変えた実績と3ヵ月で完璧にからだを仕上げるプログラムは各業界からつねに高い評価を得ている。整体エステ協会を設立し、エクササイズスクールを開講。プロ育成なども手掛ける。著書に『すべては股関節から変わる』（小社）、『小顔のしくみ』『背が高くなる椎関節ストレッチ』（青春出版社）など多数。

すごいやせる! 股関節1分ストレッチ

2018年10月1日　初版第1刷発行

著者	南 雅子
発行者	小川 淳
発行所	SBクリエイティブ株式会社 〒106-0032 東京都港区六本木2-4-5 電話:03-5549-1201（営業部）
漫画	あいかわももこ
イラスト	池田須香子
ブックデザイン	吉田憲司（TSUMASAKI）
本文DTP	乾和人＋伊東沙理佳（TSUMASAKI）
写真	伊藤孝一（SBクリエイティブ）
モデル	本多麻衣（スペースクラフト）
ヘアメイク	平塚美由紀
衣装協力	ミカランセ
執筆協力	水沼昌子、吉村貴（コアワークス）
校正	新田光敏
編集	杉本かの子
DTP・印刷・製本	三松堂株式会社

ISBN978-4-7973-9838-0